Manual del investigador de fenómenos paranormales

JORGE LIÉBANA

Manual del investigador de fenómenos paranormales

© Jorge Liébana 2018
© Fotografías: José Manuel Morales, Gema Delgado, Web IES
Aguilar y Eslava, y archivo del autor, 2018
© Editorial Arcopress, s.l., 2018

Primera edición: marzo de 2018

Editorial Arcopress · Colección Enigma
Directora editorial: Isabel Blasco
Maquetación de Antonio de Egipto
www.arcopress.com
pedidos@editorialalmuzara.com-info@editorialalmuzara.com

Imprime: Gráficas La Paz

ISBN: 978-84-17057-42-8

Depósito Legal: CO-244-2018

Hecho e impreso en España-*Made and printed in Spain*

ÍNDICE

A José Manuel y Julia,
quienes han visto en mí lo que yo no podía ver.
A mi madre, mi más grandioso ejemplo vital.

PRÓLOGO

Conocí a Jorge Liébana en 2015, en Córdoba, una ciudad en la que la magia se oculta en cada esquina y en la que todo es posible. Aquel año, junto con un equipo del programa *Cuarto Milenio*, acudí a realizar unas pruebas psicofónicas a uno de los lugares con fama de embrujados más inquietantes de España: el edificio que hoy ocupa la Facultad de Derecho.

La verdad es que fui muy afortunada al poder sumarme a aquel viaje con mis compañeros Carmen Porter, Javier Pérez Campos y la sensitiva Paloma Navarrete, máxime cuando para acceder a dichas dependencias hubo que realizar una serie de trámites burocráticos nada sencillos que a muchos les harían tirar la toalla.

Una vez en la ciudad nos reunimos con varios miembros del equipo de Córdoba Misteriosa. Guardo de todos ellos un gran recuerdo y deseos de volver a realizar otras pruebas junto a ellos en cualquier otro emplazamiento que lo merezca. En aquel grupo estaba Jorge, con quien rápidamente sentí una corriente de empatía, tal vez debido a que él también está seriamente interesado en el fenómeno de la Transcomunicación Instrumental (TCI), uno de los campos de investigación que más me intrigan hoy día.

Sobre lo que dieron de sí aquellas pesquisas en el interior de la vieja facultad no hablaré en esta ocasión, ya que encontrarán toda la información en las páginas de este libro. Y, por mi parte, ya escribí sobre ello en *El gran libro de las casas encantadas* (Ediciones Luciérnaga, págs. 123-132). Prefiero hablar sobre Jorge y su pasión por el Misterio (con mayúscula), un «veneno» que —una vez inoculado en nuestra mente— no tiene antídoto. O, al menos, yo no lo conozco. Y ¡mira que causa problemas dicho «veneno»! Y que sería mucho más simple y cómodo dedicar nuestro tiempo a otra cosa, pero, al menos en mi caso, no se me ocurre otra cosa tan especial a la que dedicar mi tiempo.

Sé del buen hacer y de la pasión que pone Jorge en todo cuanto emprende en este campo, pero desconocía el porqué... Sin embargo, como él mismo comenta en la introducción de este libro, cada persona que llega al Misterio lo hace porque tiene una historia que contar. Es más, a veces, dicha historia viene adosada a nosotros sin que seamos conscientes hasta que, en un momento determinado, aflora al exterior. Puede ser una experiencia que vivimos cuando éramos niños y que quedó soterrada en el olvido, algo que ocurrió en nuestra propia familia y para lo cual no se pudo hallar una explicación, o un breve destello que simplemente nos anima a internarnos en el sendero de lo desconocido.

No obstante, ignoraba la experiencia concreta que había vivido Jorge cuando apenas tenía siete años en el pantano de Iznájar (Córdoba, España). Y reconozco que su lectura me ha impactado. Lo ha hecho porque podría suscribir mucho de esa experiencia cambiando el año y el lugar. Y es que yo también vi algo siendo niña, aunque cuando ocurrió era un poco mayor que Jorge. La situación fue casi idéntica: verano, vacaciones en familia en una casa en un pantano próximo a Madrid, unos gritos que me despertaron de madrugada alertándome de que algo anómalo estaba sucediendo en un cielo impoluto de nubes y aquella bola blanquecina, casi transparente y con colores en su interior, que evolucionaba frente a una ventana y que terminó por dividirse en dos para luego acabar desapareciendo, tal como pudimos comprobar varios miembros de mi familia con unos prismáticos. Sin embargo, no puedo decir que aquella experiencia fuera la que me iniciara en el Misterio. En mi caso hubo una anterior que lo marcó todo y sobre la que no me extenderé ahora porque sería ya otra historia.

Más allá de esta curiosa sincronicidad, que no quería dejar de compartir con ustedes, sí que me gustaría comentar que Jorge está en lo cierto. Son estas historias las que lo cambian todo, las que terminan cobrando un inusitado protagonismo hasta conseguir que alguien dé un giro a su vida, una vida que muchas veces no ha hecho más que empezar y que podría haberse derivado por otros muchos derroteros. No obstante, son justo estas historias las que han logrado que personas como Jorge, o como yo, queramos dedicarnos a perseguir quimeras en vez de inclinarnos por lo que antes se denominaba «algo de provecho» y que hoy recibe múltiples nombres.

Pero soy una soñadora y sigo creyendo que las quimeras vencerán a quienes, con la mejor intención del mundo, nos recomiendan que busquemos refugio en esos «algo de provecho» que nos acechan en cada recodo de este viaje que es la vida y que hacen que nuestra verdadera pasión —sea el Misterio u otra— se anule.

Estoy segura de que si ha escogido el libro de Jorge Liébana es porque usted también es un/a soñador/a y quiere seguir siéndolo mientras navega por estas páginas repletas de enigmas y misterios. En su mano está.

Feliz travesía.

Clara Tahoces
www.claratahoces.com

INTRODUCCIÓN

Puede que usted no lo sepa, y es muy probable que piense que exagero en lo que voy a contarle, pero cabe la posibilidad de que, por el simple hecho de haber abierto la tapa de este libro, ya se esté forjando un nuevo camino. Un camino en el que, al menos en parte, podrá saciar su interés por los fenómenos extraños, lo oculto, lo invisible y lo que anhelamos ver y tocar. Porque el Misterio suele ser tan esquivo como algo que siempre está ahí y nunca se ve, pero un día, de repente, llama a nuestra puerta, y penetra en nosotros para quedarse.

Y es que, aunque cada persona es una historia, todas nuestras historias acaban señalando el camino que nos lleva hacia donde queremos ir. Si sostiene este libro entre sus manos, su camino y el mío buscan respuestas ante lo desconocido, de modo que, apenas con unas líneas, ya nos hemos dado cuenta de que tenemos mucho en común. Y la historia de cada uno es la llama que enciende una vela, que ya queda prendida hasta el último día de nuestra vida. O quizá continúa…

Pero todas las historias tienen un principio. Por eso, permítame que le cuente mi historia, la que me ha puesto en su camino.

10 de agosto de 1989. Pantano de Iznájar, Córdoba, España. Tenía apenas siete años, y disfrutaba de unas vacaciones en el chalet familiar. En aquel entonces, mis preocupaciones eran las de un niño de aquella edad, jugar hasta el agotamiento y disfrutar de todo lo que había a mi alrededor. Ya anochecía, no recuerdo si hacía mucho calor, aunque yo sí lo tenía, ya que no paraba de correr por el porche de la casa. Entonces, en

una de mis diabólicas carreras, me percaté de que algunos de mis familiares estaban mirando hacia el cielo. Pronto, el resto se levantaría de la mesa y haría lo mismo. Algunos señalaban a un punto concreto. Algo pasaba y era mi deber averiguarlo.

Me acerqué hacia ellos y traté de indagar qué estaban comentando, qué ocurría. «¿Ves? ¡Parece que se mueve!», «Es azul, no, es amarillo», «¿Cómo va a ser una estrella si es enorme?». Lo cierto es que no me estaba enterando de nada, así que intenté atisbar lo mismo que estaban observando ellos. No me costó percatarme de que en el cielo había suspendida una luz, parecía la luna pero era más pequeña, una estrella pero más grande. ¿Qué era eso? ¿Por qué no lo sabía? Fue en ese momento cuando escuché a alguien decir la frase que supondría el siguiente tramo en mi camino: «¡Es un OVNI!».

Puede que en nuestra era digital, con el enorme acceso a la información del que disponemos, un niño de siete años sepa lo que es un OVNI. Pero aquella noche era la primera vez que escucharía esa palabra, hasta el punto de tener que pedir a mis mayores que me explicaran lo que significaba: Objeto Volante No Identificado. Y aquel término se me quedó grabado a fuego desde ese preciso instante.

Tampoco recordaba demasiado bien aquel objeto que vimos. Hasta hace no mucho tiempo, apenas podía describirlo como una esfera de luz blanquecina que permanecía estática en el cielo. No recordaba cuánto tiempo se mostró ante nosotros, aunque sí sé que fue mucho. El suficiente para absorberme completamente, ya que todos mis familiares, uno a uno, fueron perdiendo el interés por aquella luminaria, quedándome completamente solo. Y no fue hasta que aquel fulgor estático terminó por extinguirse, o desaparecer, cuando me di cuenta de que era el único que seguía allí. Me atrapó de tal manera que, hasta que decidió fugarse, no existía otra cosa a mi alrededor salvo aquella bola luminosa. Nos habíamos quedado solos en el mundo. Desde aquel momento, ya nada volvería a ser igual. Nada.

Al día siguiente, ya en casa, los informativos de la televisión autonómica cerraban con una curiosa noticia: una intensa luz blanca crea expectación en distintas provincias de Andalucía. «¡Mamá, mamá! ¡Lo que vimos ayer, mira!». No era capaz de contener el corazón dentro de mi pecho, un videoaficionado había logrado grabar aquella esfera brillante, y ahora aparecía tal y como la recordaba en el viejo televisor Thomson. Un oportuno recordatorio de aquello tan especial que había vivido, y que, acabara como acabase esta historia, iba a marcar mi camino para siempre.

Con solamente ocho años, empecé a devorar revistas que hablaban de OVNIs, y rápidamente descubrí en ellas que había muchos más misterios y enigmas, a cada cual más sorprendente. Cogí prestados varios libros a mi tía, aunque nunca se los devolví. Entre ellos, un libreto del gran escritor e investigador Javier Sierra, titulado *Técnicas de contacto extraterrestre*. Apenas 64 páginas, pero no se necesitaban más para descubrir que los fenómenos extraños no solo existen, sino que podíamos acercarnos a ellos si realmente estábamos dispuestos a hacerlo. Fue aquel el giro definitivo y revelador que me empujó a querer saber siempre más, a comprobar por mí mismo la verdad de todo, hasta donde fuera capaz de llegar. Comencé a maravillarme con las publicaciones de Fernando Jiménez del Oso, Juan José Benítez, Clara Tahoces y otras voces autorizadas. Mi mente navegaba entre fotografías de objetos voladores imposibles y aterradoras voces de otro mundo. Y decidí que, algún día, yo quería ser así.

Quizá se esté preguntando qué fue de aquel OVNI. ¿Se desveló su origen? ¿Tenía una explicación? La segunda parte de este hecho llegaría muchos años después, aunque nos ocuparemos de ella más adelante, si realmente quiere conocerla.

Esta es mi historia. Al menos, el principio de ella. El principio de todo. Desde aquel entonces, no he cejado en mi empeño de adentrarme en este mundo invisible que nos rodea, está dentro de nosotros, en todos los lugares y, si lo deseamos, nos espera, se muestra y nos habla.

Encontrará en este libro todo lo que, en mi búsqueda del Misterio, he podido aprender para casi llegar a tocarlo con las manos. Encontrará todas las herramientas que necesita para adentrarse en la investigación, las que a mí me ayudan, y me hacen vivir constantemente una gran aventura. Es mi sincero deseo que mi experiencia le deje huella y le despierte, como a mí me han despertado otros grandes investigadores que no solo han difundido su vivencia, sino que han sabido convertirla en una herramienta esencial para el conocimiento de lo imposible, y han allanado nuestro camino. El mío y el de usted. Haga suyo este libro siempre y todo lo que quiera.

Solo un último consejo: antes de comenzar a leer el primer capítulo, piense en cuál es su historia. Le ayudará a entender por qué quiere adentrarse en este fascinante mundo. Si ya lo ha hecho, comencemos.

Página del periódico *ABC* de Sevilla, en su edición del 11 de agosto de 1989. Noticia breve con el titular «Un globo meteorológico causó expectación en Sevilla» (aumentada).

CAPÍTULO I

INICIOS DE LA INVESTIGACIÓN DE LOS FENÓMENOS PARANORMALES

LOS PRIMEROS FANTASMAS

«Excaven aquí, este es el lugar», afirmaba Atenodoro, un viejo filósofo, mientras señalaba enérgicamente un punto concreto del patio de una vivienda. Pronto, debajo de aquel suelo, descubrirían un cadáver putrefacto, atado con cadenas, y en posición fetal. Pero, ¿cómo lo sabía?

Días antes, Atenodoro había llegado a Atenas con la intención de establecerse allí. No le fue sencillo, ya que en aquella urbe el alquiler era desorbitado y él apenas tenía dinero para vivir. Pero en su búsqueda encontró una casa realmente barata. Tan barata que no lo podía creer, de modo que preguntó a los dueños por el motivo del reducido precio. «Vive un fantasma», le dijeron. Todos sus anteriores inquilinos habían huido aterrorizados de aquella morada asegurando que un espíritu habitaba en su interior, y Atenodoro, que era un hombre racional, pensó que era su gran oportunidad, ya que no le importaban demasiado aquellos rumores.

Una vez instalado en la casa, llegó la noche y se sentó en un pequeño escritorio, con la intención de escribir sobre unas tablillas. Solo le acompañaba la luz de una vela y el silencio. Pero, de pronto, empezó a escuchar un sonido muy peculiar, el arrastrar de unas pesadas cadenas. Avisado de aquellos fenómenos, el filósofo decidió mantener toda la atención en sus tablillas, pasara lo que pasase. Pero aquel arrastre metálico seguía oyéndose hasta que llegaron a la puerta de la habitación. Atenodoro giró la cabeza y lo vio: se trataba de un raquítico anciano con una túnica blanca muy desgastada, y unas cadenas que le ataban las manos y los pies. La espectral figura le hizo un gesto con la mano, invitando al filósofo a acompañarlo. Pero este le hizo otro gesto que aquella presencia no esperaba, pidiéndole que esperase ahí, dándole a entender que estaba haciendo algo mucho más importante que lo que le tuviera que enseñar aquel fantasma.

Atenodoro siguió escribiendo mientras que aquella figura mortecina agitaba sus cadenas cada vez con más fuerza, a fin de llamar su atención. El sabio, rendido ante la insistencia del espectro, suelta las tablillas, coge su candil e indica a aquel fantasma que le muestre lo que pretende. Y con paso lento sigue a aquella figura imposible hasta que se detiene en un punto concreto del patio de la vivienda para desvanecerse, de repente, ante la atónita y pensativa mirada del viejo filósofo. No tuvo duda alguna. Aquel espíritu le había mostrado el motivo por el que se encontraba en un mundo al que hacía demasiado tiempo que no pertenecía. Atenodoro sabía que su cuerpo debía estar en el lugar donde la presencia desapareció, y había que procurarle una sepultura conforme a las creencias para que aquella alma errante pudiera por fin romper sus cadenas, y marcharse.

Así describía el escritor Plinio el Joven, en la carta 27 del libro VII de sus *Epístolas*, el encuentro del sabio con lo imposible. ¿Fue Atenodoro, aquel viejo filósofo que solo quería paz, el primer investigador de fenómenos paranormales de la historia?

Desde los albores de la humanidad todas las civilizaciones y culturas han creído firmemente en la existencia de algo superior, dando paso a la creación de las distintas religiones que han ido surgiendo en nuestra historia. Y son, precisamente, las religiones el mejor ejemplo de lo que intento explicar, porque, por muy diferentes que puedan ser, siempre señalan un punto en común: la supervivencia a la muerte. En el Imperio Romano, durante buena parte de su existencia, los difuntos eran incinerados en rituales de fuego. Los ancestrales egipcios encerraban los cadáveres de sus faraones en enormes pirámides. Actualmente, el ritual funerario mayoritario consiste en la inhumación. Pero la finalidad es la misma en todos los casos: conseguir el descanso eterno del difunto, ya que, en caso contrario, su alma podría quedarse atrapada en este mundo y atormentar a los mortales.

Esta convicción nos ha acompañado siempre, y sigue muy vigente hoy en día. Sin ánimo de adelantar contenidos, la creencia en el mundo espiritual también marcaría la forma de actuar de muchos investigadores del Misterio. Pero es conveniente aclarar que mi intención no es la de convencer o adoctrinar a nadie, todo lo contrario. Pretendo acercarle a lo desconocido de la forma más objetiva posible, ayudarle en la comprensión de los fenómenos anómalos y en el manejo de las diferentes herramientas que ahora están disponibles para tal fin. Las conclusiones que saque, una vez experimente, son íntimamente suyas, así como totalmente imprescindibles para dar sentido a lo que está haciendo.

DEL MIEDO A LA INTERACCIÓN CON EL FENÓMENO

En primer lugar, debemos definir lo que se considera un fenómeno paranormal. De una forma muy abreviada, lo podemos describir como todo aquel suceso que no se puede explicar según los estándares científicos. De hecho, comprendería un amplísimo abanico de hechos, situaciones y vivencias que se antoja imposible de abordar en apenas un libro. Por eso, considero interesante centrarnos en aquellos fenómenos que nos pueden tocar más de cerca y son susceptibles de ocurrir en, prácticamente, cualquier lugar. Y dentro de estos, los que, con paciencia y una buena metodología, podríamos captar, especialmente gracias a la tecnología actual y al alcance de todos.

Y es que la tecnología ha sido la mayor impulsora en la observación de lo desconocido, logrando aumentar exponencialmente los campos de estudio y, por supuesto, nuestro interés por aquello que hace apenas unas décadas era inalcanzable. Especialmente en lo que concierne al Misterio.

No obstante, me parece interesante hacer un repaso por lo que podrían considerarse los primeros intentos de análisis y comprensión de los fenómenos paranormales, sin los cuales, con toda probabilidad, todo habría sido muy distinto. Para encontrar estos orígenes tenemos que viajar a Estados Unidos, a mediados del siglo XIX. La familia Fox vivía constantemente atemorizada por unos extraños golpes que no dejaban de oírse en su vivienda. Ellos pensaban que su casa estaba habitada por un espíritu, y no sabían qué hacer al respecto. Cierto día, las hijas del matrimonio, hartas del acoso de aquella entidad, inventaron una forma de comunicación con esta. Establecieron un código similar al Morse para entablar conversaciones con el espíritu mediante golpes en las paredes. Y aquel suceso conmocionó a la familia, luego a los vecinos, inmediatamente después a las autoridades locales y, como una inmensa bola de nieve que baja una ladera, se hizo imparable hasta ser conocido en medio mundo.

Había nacido el Espiritismo Moderno. Era posible contactar con seres de otros mundos, o al menos quienes profesaban esa creencia estaban convencidos de ello. Solo había que pensar en cómo hacerlo y perfeccionar los métodos. El problema de aquel entonces, en mi humilde opinión, es que se daba por hecho que la comunicación resultante provenía de entidades desencarnadas que sobrevivieron a esta vida, por lo que las formas de establecer el contacto quedaban en un segundo plano, conllevando con ello una gran dificultad a la hora de dar veracidad a aquellos fenómenos.

Surgieron así las mesas parlantes, también llamadas giratorias. Mesas que, en plena sesión de espiritismo, se desplazaban, levitaban y giraban sobre sí mismas, y cuyos movimientos eran interpretados como palabras y frases que el espíritu responsable quería transmitir. Llama la atención que en 1853, en España, las mesas parlantes se convirtieron en un fenómeno de masas, hasta el punto de que la prensa se hacía eco de tales hechos.

Imagine la repercusión que tuvo, que ni siquiera la mismísima Reina Isabel II se resistió a llevar a cabo esta práctica.

También aparecería la *ouija*, aunque no era para nada un invento nuevo, sino una actualización de métodos de espiritismo milenarios que ya utilizaban los romanos y los egipcios. Como usted sabrá, se trata de un tablero en el que se encuentran las letras del alfabeto, los números y algunas palabras concretas como «sí», «no», «hola» y «adiós». Mediante la utilización de un máster, un objeto que se desliza por el tablero, sobre el que se posan los dedos índice de los participantes, se van formando sentencias y respondiendo preguntas. Sigue siendo un método bastante utilizado, aunque en esta obra no nos ocuparemos de él, ya que, como le adelantaba en líneas anteriores, nos centraremos en el estudio de ciertos fenómenos paranormales mediante el uso de la tecnología.

Otros métodos utilizados en la época de la explosión espiritista fueron la escritura automática, basada en la escritura inconsciente sobre un papel en un estado de evasión mental, o las propias sesiones de espiritismo, en las que una persona con facultades mediúmnicas era poseída por una entidad que, utilizando su cuerpo, se comunicaba directamente con los presentes. Aunque debo volver a insistir: estos primeros métodos no podían ser estudiados ni comprobados salvo mediante la mera observación, por lo que la fe en el fenómeno era determinante para intentar explicarlo.

Es cierto que, por entonces, ya existía la fotografía, lo que permitía una observación indirecta de ciertos fenómenos físicos, pero, en general, seguía siendo apenas una observación. Para colmo, esa tecnología casi primitiva de las antiguas cámaras, permitía a ciertas personas sin escrúpulos realizar montajes de lo más elaborados, lo que acabó espantando a muchas «cabezas pensantes» que podrían haber sido determinantes en el estudio de lo insólito. Aunque también vale la pena reseñar que ciertos investigadores trataron de fotografiar el alma, tal como haría Hypollite Baraduc, un médico francés que realizó durante su vida una serie de experimentos consistentes en realizar fotografías a una persona moribunda, antes y después de su muerte. Los resultados eran, cuanto menos, inquietantes, ya que en ocasiones aparecía una especie de neblina que inundaba el objetivo para luego desaparecer. Por desgracia, la falta de medios reduciría aquellas instantáneas a una mera curiosidad en la que creer o no.

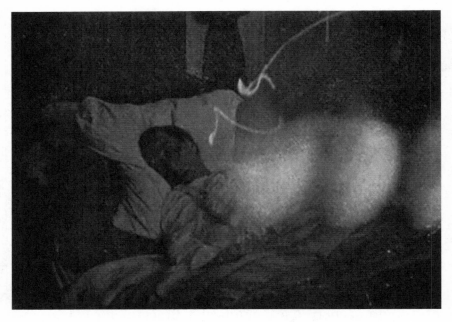

Experimento fotográfico de Hypollite Baraduc
a persona recientemente fallecida.

Pero llegó el siglo XX, y con él un tsunami tecnológico que vapulearía la forma de vivir, entender y aprender de todos nosotros. Y en el tema que nos ocupa, la tecnología marcaría un antes y un después en la investigación paranormal. No debemos extrañarnos, ya que la utilización de nuevos aparatos nos iba a brindar la oportunidad de dejar de ser meros observadores del fenómeno para convertirnos en «cazadores» del mismo, captando resultados y brindándolos a la ciencia para despertar su interés. Soy consciente de que el interés científico por la fenomenología paranormal aún no ha llegado, o lo hace tímidamente, y esto se debe a muchos motivos, de modo que en un capítulo posterior ahondaremos en esta cuestión. Quizá le sorprenda saber que la ciencia y lo paranormal no están tan alejados, y mucho menos enfrentados, yo estoy plenamente convencido de que así es, y se lo expondré en su debido momento.

LA PUNTA DEL ICEBERG

Imagine un mundo sin electricidad. Una existencia sin luz, máquinas, motores. Sin su frigorífico, su televisor, su teléfono. Es difícil concebir algo así hoy en día, ¿verdad? Pues aquí empieza todo. Y es curioso, porque el descubrimiento que iba a cambiar el mundo lo tuvimos delante de nosotros desde el siglo VII a.C., cuando al filósofo griego Tales de Mileto se le ocurrió frotar una varilla metálica y comprobar que era capaz de atraer objetos, e incluso producir pequeñas chispas. Pero ese efecto apenas se consideró una curiosidad, o como mucho algo con fines supuestamente terapéuticos, hasta que llegó la Segunda Revolución Industrial, en el último cuarto del siglo XIX. Curiosamente, cuando la corriente espiritista estaba en su punto más álgido, aunque esto no se debe considerar más que una coincidencia en el tiempo.

Lo realmente interesante es que, paralelamente a las distintas aplicaciones que se daba a la electricidad, surgían enigmas que, de una forma u otra, señalaban la posible existencia de otra realidad. Este hecho no es tan descabellado si tenemos en cuenta que la electricidad, en todas sus formas, siempre ha estado presente. No se ve, pero se sabe que está ahí. ¿Y qué más hay que no podemos ver?

Uno de los personajes más enigmáticos y controvertidos de la historia de la electricidad fue Nikola Tesla, el que fuera responsable de la corriente alterna que hoy recibe en los enchufes de su casa. Aunque sus logros fueron decisivos en la citada Revolución Industrial, su carácter excéntrico e imaginativo lo acabaría condenando al olvido. Tesla se mostró muy interesado por los avances teóricos en el electromagnetismo y la propagación de ondas de radio, y desarrolló un aparato capaz de transmitir y recibir dichas ondas. Apenas dos años después, Guillermo Marconi presentaba un artilugio innovador capaz de recibir e interpretar ondas de radio en forma de sonido, que finalmente resultó ser a grandes rasgos una copia de la invención de Tesla.

Pero Nikola Tesla pudo vivir una experiencia inexplicable cuando inventó la primera radio porque, según algunas fuentes, recibía señales, sonidos, que no tenían explicación. Debemos tener en cuenta que, cuando surgió este invento, el espectro radioeléctrico de la Tierra estaba limpio, no existía emisión radiofónica alguna. Él lo interpretó como señales venidas del espacio, comunicaciones extraterrestres, pero no nos precipitemos, vamos a centrarnos en el fenómeno. En el aire vibraban ondas electromagnéticas antes de que se inventara un generador de ondas. ¿Qué había captado Tesla? Un siglo después sigue siendo un misterio, pero abrió la puerta a un fenómeno realmente fascinante, que trataremos en este libro. Le puedo asegurar que no le va a dejar indiferente.

Otro invento determinante para la comunicación global fue el televisor, el paso de la audición a la visión de la información transmitida por ondas de radio. La pequeña pantalla también nos descubriría nuevos fenómenos que, al ser visuales, impactarían aún más. Debemos englobar otros ingenios tecnológicos: como las cámaras fotográficas o las videocámaras que, desde su aparición, también registrarían hechos inexplicables y siguen siendo tan utilizadas en la investigación y experimentación.

Pero hay un artilugio que merece una mención especial: la grabadora de sonidos. En 1877, el prolífico inventor estadounidense Thomas Alva Edison presentaba lo que llamó el fonógrafo, un aparato que, si bien no era el primero en registrar sonidos, fue pionero en reproducir los sonidos captados. Los ruidos ambientales, las voces de los presentes y algo más. De nuevo, de un ingenio tecnológico asomaba una arista que desembocaba en lo desconocido. Dicen que Edison, poco antes de morir, reveló a sus allegados que había estado trabajando en una máquina para hablar con los espíritus de los difuntos basándose en el fonógrafo. ¿Un exceso de imaginación quizá? ¿O descubrió algo en sus experimentos? Si bien es cierto que no hay constancia de la existencia de ese aparato ni documentos que lo demuestren, el fenómeno de las voces que no deberían estar ahí, que a día de hoy nos sigue acompañando y apasionando, acabaría dándole la razón, al menos en cuanto a lo que, en ocasiones, ocurre en nuestras grabadoras.

A estas alturas, ya se habrá dado cuenta de que la inmensa mayoría de fenómenos, ya sean de origen electrónico o mecánico, fueron descubiertos por casualidad. La radio no fue inventada para captar voces de otro plano, el fonógrafo no fue pensado para registrar sonidos que no escuchamos de forma natural, ni la televisión para mostrarnos imágenes de una realidad alternativa. Estos descubrimientos que parecen tan arbitrarios tan solo fueron la punta del iceberg, y sería cuestión de tiempo que cada vez más personas iniciaran la aventura de querer saber más, no quedarse con lo superficial y saciar su curiosidad.

TRANSCOMUNICACIÓN INSTRUMENTAL: CREER O COMPROBAR

Parafraseando a mi apreciado amigo el investigador José Garrido, cuyos importantes descubrimientos en el campo de los fenómenos extraños conoceremos en esta obra, el punto de inflexión en la historia de la investigación paranormal fue el momento en que la mayoría de los estudiosos se empezaron a hacer la misma pregunta: ¿creer o comprobar? El interés por lo desconocido aumentó exponencialmente cuando comenzó a extenderse más allá del círculo espírita. El gran paso, sin la menor duda, fue la posibilidad de captar y estudiar los fenómenos con una visión objetiva o, dicho de otra forma, obtener pruebas reales, lo que consiguió atraer el interés de personas con grandes conocimientos científicos y tecnológicos. Un paso más en la evolución del análisis de estos hechos, que no hubiera sido posible sin la llegada de la tecnología, simplemente porque no hubiera llamado la atención de todas las personalidades que, desde todos los campos de investigación, se han querido acercar a ellos.

Surgía así una nueva parcela en el estudio de lo paranormal. Una floreciente etapa que acercaría, incluso a nuestros propios hogares, lo que hasta entonces era tabú, o bien quedaba reservado a unos cuantos privilegiados. Esta nueva metodología sería llamada Transcomunicación Instrumental (TCI), y engloba, tal como su nombre indica, toda una serie de técnicas ejecutadas con la propia instrumentación electrónica;

las cuales nos iban a permitir captar, observar, reproducir y difundir los fenómenos relacionados con voces e imágenes que pretendan transmitir una información. Entiéndase como el intento de capturar estos mensajes visuales o auditivos y, en un nivel superior, conseguir una comunicación bidireccional con el origen del fenómeno.

La Transcomunicación Instrumental ocupará gran parte de nuestra atención, ya que nos ayudará en nuestro cometido: acercarnos a lo desconocido. Gracias a este campo vamos a poder investigar fenómenos tales como las psicofonías, psicoimágenes, voces directas —obtenidas a través de la radio— y otros ingenios electrónicos que sí fueron diseñados para este fin. Piense en la repercusión que tienen estas técnicas: podemos llegar a comunicarnos con el fenómeno. ¿No le parece fascinante? Puede que le inquiete un poco, ¿a quién no? Pero el ser humano es así. En ocasiones, la curiosidad y el ansia de conocimiento vencen a nuestros propios miedos, y es en esas circunstancias en las que han aparecido los momentos más importantes de la historia de cada uno de nosotros. Pretendo acercarle al estudio de lo paranormal de una forma objetiva, centrándonos más en los métodos que en las conclusiones, así que no tema las suyas, no deje que se conviertan en miedos antes de ni siquiera haberlo intentado. Empecemos de cero.

Considero, pues, que la base que hemos construido en este capítulo es suficiente para zambullirnos de lleno en la fenomenología paranormal, así como su estudio y análisis. En sucesivos capítulos, vamos a tratar de definir los hechos insólitos que son susceptibles de ser examinados con las herramientas y métodos de los que hoy en día disponemos. Puede que al principio le resulte un tanto complejo, o quizá piense que una investigación requiere de cierto esfuerzo económico, pero no es así. De hecho, lo más valioso es usted y el tiempo que decida invertir en adentrarse en este fascinante mundo. Y, sobre todo, si lo consigue, la recompensa es impagable, porque habrá logrado vivir una experiencia que le acompañará toda su vida. Mantenga la mente abierta y no tenga prisa por comprenderlo todo. Quiero recordarle una vez más que está iniciando su propio camino, este libro no es más que un puñado de baldosas con las que va a construir su primer tramo, y las va a colocar siguiendo su criterio e intuición. La información es de todos, su pensamiento, solo suyo.

Si dispone de un teléfono móvil o una *tablet*, le será de gran utilidad mientras lee este manual. En los momentos precisos, tendrá a su disposición una serie de códigos QR (*Quick Response*, o respuesta rápida) que podrá leer con su terminal para acceder al material interactivo que acompaña al libro. Podrá escuchar audios, así como visualizar videos, que le ayudarán a sumergirse completamente en el campo de la investigación paranormal. Puede instalar en su terminal cualquiera de las aplicaciones que se ofrecen de forma gratuita para leer estos códigos.

CAPÍTULO II

PSICOFONÍAS.
CUANDO EL SILENCIO
NO QUIERE CALLAR

¿QUÉ ES UNA PSICOFONÍA?

Lo considero uno de los fenómenos más completos, si no el que más, que podemos investigar. Empezaremos por una definición breve y delimitadora sobre lo que es una psicofonía: cualquier sonido registrado en un soporte tecnológico destinado a tal fin que no tenga su origen en una fuente natural y audible en el momento en que se ha grabado.

Qué fácil. Una sola frase lo explica todo. ¿Sería tan amable de volver a leer la definición que le brindo? Gracias. ¿Ya lo ha hecho? ¿Es consciente de que se trata de capturar sonidos que no existen y, sin embargo, los obtenemos? Es necesario entender la magnitud de un fenómeno que, durante mucho tiempo, ha sido condenado al ostracismo, cuando podríamos estar ante una ventana que nos permitiría asomarnos a una realidad que, aunque no percibimos, se muestra.

Aunque, como todo aquello que no se entiende ni se explica, tiene muchos nombres. Según el momento, la situación e incluso las creencias de quienes han investigado este fenómeno, se ha tratado de definir con un término acorde. Hoy en día, especialmente en los países de habla hispana, las llamamos psicofonías, a pesar de que, en parte, el término ha perdido el significado que tenía cuando fue acuñado. Se denominan así porque una de las teorías acerca de su origen afirma que provienen de la psique, es decir, sonidos provocados por la mente. Pero resulta curioso comprobar que esa palabra griega, en realidad, fue adoptada por los círculos científicos y médicos que desvirtuaron su significado original. Dichos círculos establecieron que el término psique se utilizaría en adelante para todo lo referido a la mente humana, entendida esta como una sola unidad. Probablemente, en la Antigua Grecia estarían un tanto molestos con dicha apropiación de su palabra, porque la realidad es que psique no significa mente, sino alma, refiriéndose a aquella fuerza vital que representa la vida humana, y no desaparece cuando el cuerpo muere. Algo mucho más trascendental de lo que hoy en día entendemos como psique, ¿no es cierto? Entonces, podemos suponer que quien propuso el término psicofonía, bien podría estar refiriéndose a la voz del alma desencarnada de un ser humano fallecido. A mí, al menos, me gusta pensar que el término tiene un significado mucho más abierto que el que nos ofrece en la actualidad.

Antes de recibir este nombre, tuvo otros. Es más, cuando aún no estaban definidas, empezaron a ser llamadas «voces de Raudive», tal y como voy a explicar en breve. También se llamaron parafonías, un término que perdura en el tiempo, ya que muchos estudiosos del fenómeno lo siguen utilizando. Sin duda, es una definición bastante acertada, pues significa algo así como «sonido extraño o inexplicable», pero tiene una desventaja: es demasiado genérico y, a la larga, podría perjudicar el estudio de estas voces. Incluso, es de imaginar que si, en algún momento, la Ciencia avanza hacia el estudio de las mismas, el término parafonía quedaría tremendamente obsoleto.

En los países angloparlantes, tienen una definición que, aun siendo tan genérica como parafonía, sí está más actualizada, porque define cómo se obtiene ese sonido de origen desconocido. Se denominan EVP, *Electronic Voice Phenomena* (Fenómenos de Voz Electrónica), dejando así el origen de las voces captadas en una indefinición, pero indicando que se obtienen por medios electrónicos.

En resumen, no existe una palabra definitivamente aceptada por todos, y así seguirá siendo mientras desconozcamos el origen y el funcionamiento de este fenómeno, por lo que puede llamarlo con el término que prefiera o más se ajuste a su manera de enfocarlo. Yo seguiré llamándolo psicofonía, porque así lo denomina la mayoría de los investigadores, y porque fue el término que utilizaron los pioneros que nos dieron a conocer el fenómeno en este país. Y ahora que hemos hecho una aproximación a su definición, estudiemos los orígenes para comprender su presente.

LAS PRIMERAS VOCES

En la actualidad se acepta que el origen de las psicofonías se encuentra oficialmente en el año 1959, de la mano de Friedrich Jürgenson, un cineasta y artista sueco que, de forma accidental, registró en su magnetófono una voz que le resultaba muy familiar. Pero esto no es así. Recuerde que en el capítulo anterior descubríamos que muchos avances tecnológicos traerían de la mano nuevos misterios por resolver. El primer aparato capaz de grabar y reproducir sonidos fue el fonógrafo de Edison, y con su invento llegó el fenómeno.

En el año 1901, un antropólogo norteamericano llamado Waldemar Bogras realizó una expedición a la hostil estepa siberiana, con la intención de estudiar las costumbres rituales de los Chukchis, una tribu indígena que lo acogió y le permitió convivir con ellos durante una temporada. Bogras, fascinado por los cánticos chamánicos de aquella tribu pretendía que todo el mundo tuviera conocimiento de ellos, por lo que registró aquellos rituales en su fonógrafo para más adelante divulgarlos. Utilizó varios cilindros de cera en aquel estudio. Una noche se dispuso a revisar el material grabado para asegurarse de que todo estaba bien. En su tienda, comenzó a reproducir aquellos hipnóticos cánticos cuando reparó en algo: además de los cantos, se escuchaban otras voces que desentonaban, no parecían tener nada que ver con el ritual. A veces, esas voces intrusas se oían de una forma tan fuerte que acallaban las de la tribu. Bogras no sabía lo que había descubierto, y nunca lo supo. De hecho, no dio mayor importancia a aquel hecho, supongo que pensando que se trataba de un mal funcionamiento de su aparato o un defecto de los cilindros que, supuestamente, no tenían ningún registro sonoro grabado. Una lástima porque, si hubiera prestado más atención a lo que le ocurrió, seguramente su vida habría cambiado por completo, como ha sucedido con otras personas que se toparon con el fenómeno.

En años posteriores hubo varios experimentos que empezarían a hacerlo visible, aunque solo entre la comunidad espírita. Más adelante, en 1952, los sacerdotes Ernetti y Gemelli realizaron grabaciones de cánticos gregorianos en la Universidad del Sagrado Corazón de Milán con su magnetófono de alambre. El rudimentario funcionamiento del viejo aparato, en ocasiones, sacaba de quicio a Ernetti, quien trataba de calmarse tras cada avería pidiendo ayuda espiritual a su difunto padre, diciendo la frase: «¡*Papá, ayúdame!*». En una ocasión, el alambre del magnetófono se partió, y mientras trataba de repararlo volvió a pronunciar la misma plegaria. Tras conseguir ponerlo en marcha de nuevo, en aquel alambre había quedado registrada una voz que nada tenía que ver con los cantos gregorianos esperados. Era la voz de su propio padre, quien en tono condescendiente le respondía: «*Pues claro que te ayudo, estoy siempre a tu lado*». Este episodio apenas sería el inicio del camino que el padre Ernetti recorrería en busca del Misterio, como veremos más adelante.

Pero el hecho que marcaría el principio de una nueva época en la investigación paranormal ocurrió en el mes de junio de 1959. Friedrich Jürgenson, un prolífico productor de cine y artista, acordó con su mujer pasar unos días en el campo, aprovechando la estación de primavera en Estocolmo. Con la intención de grabar el canto de diversos pájaros que siempre le habían interesado desde la niñez, se llevó por primera vez su grabadora. En una cabaña apartada puso el magnetófono a funcionar con el micrófono cerca de la ventana abierta, que conectó en el momento que un pinzón se posó cerca. Después de grabar durante cinco minutos, examinó la grabación. Al hacerlo, oyó unos ruidos extraños en la cinta. Su primer pensamiento es que la grabadora se hubiese dañado en el trayecto. No obstante, volvió a escuchar la cinta para cerciorarse. Escuchó aquel extraño ruido y el trinar de los pájaros muy distante. Pero de repente, se escuchó un solo de clarín que ejecutaba una especie de toque de introducción. Asombrado, siguió escuchando cuando, de pronto, una voz de hombre comenzó a hablar en noruego, comentando los cantos nocturnos de las aves noruegas y mezclándose con los sonidos de pájaros, entre los que había reconocido algunas especies de aves nocturnas del país nórdico.

Incrédulo, en los días posteriores, continuó realizando grabaciones. Las inclusiones psicofónicas se sucedieron de manera constante, llegando a registrar saludos, indicaciones y mensajes de diversos tipos y en diferentes idiomas. Entre esas voces, Jürgenson reconoció la voz de su difunta madre que repetía su nombre insistentemente. En otra de las sesiones dejó la grabadora en una habitación y, poco después, comprobó que su perro, de nombre Carino, actuaba de forma extraña, subiendo las escaleras y sentándose frente a la puerta cerrada de la estancia donde se estaba registrando el sonido. Segundos después, escucharía en aquella cinta una voz desconocida que hablaba muy amablemente a su perro, diciendo: «*Carino, aquí está el aparato, ¿Carino, tú me escuchas?, ¿Carino, tú me conoces?*». Aquellas pequeñas vacaciones marcarían para siempre la vida del que se considera el precursor del fenómeno de las psicofonías.

Desde el primer momento, Friedrich estuvo plenamente convencido de que aquellas voces que salían de la nada provenían de los espíritus de los difuntos. No podemos culparle por defender durante toda su vida esa hipótesis, teniendo en cuenta sus primeras experiencias. El elemento diferenciador de esta historia es que Jürgenson no dudó en considerar que este fenómeno era realmente importante, por lo que contactó con Konstantine Raudive, quien desde un primer momento pondría toda su atención en aquellas grabaciones, y acabó dedicando también gran parte de su vida a la obtención y estudio de las voces paranormales. Y, sobre todo, a la difusión, porque Raudive consideraba que el fenómeno era tan relevante que todo el mundo debía conocerlo. Por ese motivo, aquellos sonidos de la nada comenzaron a ser llamados «voces de Raudive».

El cineasta sueco Friedrich Jürgenson en su
laboratorio de experimentación.

EL FENÓMENO LLEGA A ESPAÑA

Curiosamente, el fenómeno de las psicofonías empezó a hacerse conocido en España cuando ya se llevaba investigando mucho tiempo en Centroeuropa. Llegó en la década de los 70 de la mano de Germán de Argumosa, que mantenía intensas relaciones con los grupos de investigación parapsicológica de Alemania o Luxemburgo, trabajando junto a personalidades en la materia como serían Hans Bender o el propio Raudive. Argumosa se preocupó de la difusión de los misterios que él estudiaba a través de sus libros, artículos de prensa y apariciones en radio y televisión, y estas manifestaciones públicas le llevaron a Fernando Jiménez del Oso, quizá el mayor comunicador que tuvo el siglo XX en el ámbito del Misterio. Este prestigioso psiquiatra, si bien estaba interesado en todo tipo de enigmas, fue el que lanzó al gran público, a través de las ondas hertzianas, voces inexplicables que a nadie dejaban indiferente. En esa época, muchos llegaban a apagar su aparato de radio o televisión porque aquellas voces eran más aterradoras de lo que podían soportar. Es quizá la única pega que se le podría poner a los pioneros divulgadores que décadas atrás se atrevieron a contar lo que nadie contaba y pocos sabían: casi daban por hecho la hipótesis trascendental, es decir, las voces provenían de los muertos. Y esta afirmación, tan a la ligera, provocó miedo y cierto rechazo que, a día de hoy, desgraciadamente perdura.

Pero no todo fue así. Por eso, me gustaría hacer un inciso para recordar a una de las personas que fue capaz de hacer lo que nosotros pretendemos: dar a la investigación objetiva y razonada la importancia que se merece. Hablo de Sinesio Darnell, al que, aun no siendo el único, casi podemos considerar el pionero de la TCI en España. Químico y profesor de universidad, se adentró en la investigación de los fenómenos paranormales centrándose en la Transcomunicación Instrumental. Su mente cientifista le llevó a experimentar con todo tipo de aparatos, con el fin de captar psicofonías y psicoimágenes. Su laboratorio era una tremenda colección de magnetófonos, radios, televisores e infinidad de carretes con material grabado. También fue de los primeros en sumar la utilización del ordenador en sus experimentaciones, cuando la informática apenas estaba empezando a llegar a nuestros hogares, allá por los años 80. Debido a su tesón, su racionalidad y su sed de conocimiento, acabó sentando las bases de lo que hoy consideramos una investigación seria y rigurosa. Gracias a sus análisis por computador descubrió aspectos técnicos en las psicofonías que, hasta entonces, pasaron desapercibidos, y que hoy son imprescindibles para todo investigador.

También estudió el fenómeno de la psicoimagen —el cual abordaremos ampliamente en la presente obra—, llegando a conseguir buenos resultados, producto de su buen hacer y su infinita paciencia. Y la técnica de transradio —que también veremos un poco más adelante—, consiguiendo captar voces audibles en directo en su sintonizador de radio. En resumen, Sinesio Darnell fue uno de los primeros en utilizar, realmente, la tecnología con todos los medios posibles para el estudio técnico y científico de los fenómenos paranormales, aplicando una metodología que ha perdurado hasta la actualidad.

El experimentador Sinesio Darnell en su laboratorio.

En los últimos tiempos, en gran parte debido a la era de la información en la que vivimos, podemos escuchar cientos de miles de psicofonías a golpe de clic de ratón. No considero esto algo negativo, pero mi impresión es que tenemos un exceso de supuestos resultados y afirmaciones categóricas sobre su origen, mientras que la información sobre los métodos y herramientas utilizados es escasa, dispersa y ambigua. Pero usted y yo tenemos el poder de cambiar esta situación. Apenas abrió este libro, ya pretendí dejarle claro que mi intención es centrarnos en el «cómo», lograr un consenso en el procedimiento, y, una vez conseguido, pensar y discutir el «porqué». Estoy completamente seguro de que si todos luchásemos con las mismas armas, ese debate sería realmente apasionante y revelador.

BUSCANDO UNA EXPLICACIÓN

Aunque no sea nuestro principal cometido, puede ser muy interesante hacer un pequeño recorrido por las distintas teorías e hipótesis planteadas desde el descubrimiento de las psicofonías para explicar su origen. Encontramos conclusiones tan dispares, e incluso antagónicas, que parece imposible ponerse de acuerdo. Pero tampoco hace falta, porque ese hecho llegará cuando exista una metodología común y unos resultados contrastables. Hoy en día es impensable, pero se alcanzará. De momento, vamos a conocer qué piensan aquellos que en su día casi acariciaron el fenómeno:

Hipótesis trascendental
Sin duda, es la más extendida y aceptada en la actualidad. Las voces psicofónicas provienen del espíritu desencarnado de los difuntos. Puede que esta gran aceptación tenga que ver con el tratamiento que dieron los primeros investigadores a las psicofonías, pero no olvidemos que, desde los inicios de la humanidad, la creencia en el alma que sobrevive a la muerte física ha estado presente en todas las culturas, civilizaciones y religiones. Tampoco se puede negar que, en muchas ocasiones, se

han obtenido voces reconocibles y pertenecientes a personas fallecidas, o que han dejado mensajes reveladores con información que solo el difunto podría conocer. Recordemos la primera psicofonía de Friedrich Jürgenson, en la que su madre le llamaba. Así pues, si nos ceñimos a los resultados, quizá sería un tanto descabellado descartar esta hipótesis. Pero hay más.

ECOS DEL PASADO

Otra teoría relaciona las psicofonías con las voces de otra época, como si, de alguna forma, un sonido emitido en un momento pasado pudiera sobrevivir al tiempo y ser captado con posterioridad. Por desgracia, la Ciencia nos dice que esta teoría es improbable, porque para que algo así ocurriera tendrían que obviarse varios principios básicos de la Física.

INTERFERENCIAS ELECTROMAGNÉTICAS

En ocasiones se han tratado de explicar por la aparición de interferencias provocadas por el campo electromagnético, como pueden ser las ondas de radio. Esto puede ocurrir. Los aparatos de grabación siempre han tenido cierta sensibilidad a las ondas estacionarias, lo que puede acarrear alguna curiosa sorpresa. Hace un tiempo realicé un experimento psicofónico con una grabadora de casete, en casa y en el silencio más absoluto. Después de grabar durante varios minutos, me dispuse a escuchar lo grabado y el susto fue mayúsculo: de mi grabadora surgía una voz masculina, perfectamente audible, que decía «*¡Gol de Messi!*». ¿Pero cómo había podido pasar? Resultó que un aparato que no tenía sintonizador de radio y, por tanto, teóricamente no podía captar emisoras, había registrado en la cinta la retransmisión en directo de un partido de fútbol. Pero no desesperemos, por suerte esto solo ocurre en contadas ocasiones, y las grabadoras de sonido cada vez son más inmunes a estas ondas.

INTERACCIÓN ENTRE LA MENTE Y LA MATERIA

Una teoría que ha cobrado fuerza en los últimos tiempos es la actuación de la mente humana sobre la materia. Diversos estudios científicos están tratando de demostrar que podemos interferir de una forma física en lo material con nuestro propio pensamiento. Se han llegado a obtener psicofonías que revelan cierta información que el experimentador posee; como, por ejemplo, el nombre de su mascota en la infancia. También resulta curioso que la forma y el contenido de estas voces psicofónicas pueda ser acorde al concepto que dicho experimentador tiene de estas, de modo que, si se cree que aquello que se comunica mediante la grabadora es un ente demoníaco, podría manifestarse una voz similar al concepto que tenemos del demonio, ofreciendo una información sobre la misma temática. ¿Significa esto que el origen podría estar simplemente en la mente del investigador, como una suerte de imaginación potenciada? ¿Puede ser esta proyección mental plasmada en una cinta magnética o un micrófono? No tiene por qué, porque esta teoría nos puede llevar directamente a la siguiente.

LA FIGURA CLAVE DEL EXPERIMENTADOR

A pesar de que sí se han obtenido psicofonías en sitios aislados y sin la presencia física de nadie, no hay lugar a dudas de que el fenómeno ocurre sobre todo con la presencia del propio investigador o de los participantes. Se cree que quien experimenta puede actuar como un enlace, al igual que para abrir una puerta necesitamos una llave, canalizando el fenómeno y facilitando su manifestación. Personalmente, mis resultados en la investigación con psicofonías me dicen que la presencia de quien investiga es imprescindible a la hora de conseguir resultados.

CONTACTO CON SERES INTERDIMENSIONALES
O DE OTROS PLANETAS

Tal como ocurre con otras vertientes, esta teoría está ligada a los resultados obtenidos. Si la información que la entidad comunicante aporta indica que su procedencia está en otra dimensión, o fuera de la tierra, quien maneje esos datos tenderá a pensar que es así. De hecho, muchos ufólogos, es decir, investigadores del fenómeno OVNI, utilizan métodos que en principio son más propios de la parapsicología, como la grabación de psicofonías, la escritura automática, la *ouija*, etcétera. Todo depende del prisma con el que se mire.

Pareidolia

Sonidos vagos y explicables que intentamos interpretar como voces que transmiten un mensaje. Por supuesto, no podemos afirmar que todas las psicofonías son una mera pareidolia, pero tampoco negar que esto es algo que ocurre con mucha frecuencia. En el capítulo dedicado a la práctica de la investigación le ofreceré toda la información de que dispongo para evitar, en lo posible, caer en el error de confundir un sonido natural con una voz psicofónica.

Existen muchas más teorías, y cada una tiene su sentido, pero puede resultar abrumador intentar comprenderlas todas. Hasta ahora, lo único que podemos afirmar es que las psicofonías existen. Si bien no podemos ofrecer una explicación incuestionable sobre su origen, este fenómeno se manifiesta en cualquier soporte de grabación de sonido y, casi, en cualquier circunstancia. Seguramente se trate del fenómeno que menos medios requiera para ser captado, aunque la paciencia y la buena praxis van a ser determinantes en nuestra investigación. Créame si le digo que conseguir registrar una psicofonía es una de las experiencias más enriquecedoras que se pueden vivir dentro de la investigación de lo paranormal. Compartiré con usted mi propia pericia en este campo, porque fue precisamente una psicofonía la que vapuleó mi mente, mi comprensión sobre los fenómenos. Un caso que deseo contarle desde el punto de vista más íntimo y personal. Un suceso que definió, aún más, mi camino y, en consecuencia, mi historia.

Pero hay más fenómenos y no van a ser menos apasionantes. Con un poco de suerte, conseguiré sorprenderle.

CAPÍTULO III

VOCES A TRAVÉS DE LA RADIO.
EL ENLACE

CUANDO NOS HABLAN

En Grosseto, un pueblo de la Toscana italiana, un hombre, sentado ante su viejo aparato de radio a válvulas, mueve el dial con infinita paciencia, hacia adelante y hacia atrás, mientras saluda a alguien que no está ahí. De repente, un fuerte soplido sacude el altavoz de la radio. El hombre aparta su mano de la rueda del dial, su semblante se muestra sonriente, satisfecho. Sabe que están llegando. Entonces, comienza a oírse una voz radiofónica que, en un perfecto castellano, le explica: «*Colega de la onda corta, Marcello, tenemos muy pocas posibilidades para transmitir y nos lo permiten, pero de una manera muy limitada*» (Cod. 3-1).

Cod. 3-1

El hombre que acabamos de conocer es Marcello Bacci, y se trata de uno de los casos más espectaculares dentro de la Transcomunicación Instrumental. Quizá el que más. Durante más de tres décadas, ha recibido de forma periódica voces de procedencia desconocida que han conversado con él y con todos los presentes. No fue el primero, ni ha sido el último, en obtener sonidos que se pueden escuchar en tiempo real a través de un aparato de radio, pero sus resultados han sido los más llamativos que jamás se hayan conocido.

Para él todo comenzó cuando despertó su interés por los fenómenos paranormales, en especial por la obtención de psicofonías, hasta que, en más de una ocasión, las grabaciones que pudo obtener le indicaban que debía encender la radio, e incluso le daban directrices precisas sobre qué frecuencias debía sintonizar.

Las primeras voces directas de radio no tardaron en aparecer. Aquellos que le hablaban regalaban mensajes con una gran carga emotiva y espiritual, convenciendo a quienes las escuchaba de que la supervivencia espiritual a la muerte existe. Su fenomenología fue tan excepcional que las voces se comunicaban en diferentes idiomas con los participantes. En ocasiones se presentaban como familiares fallecidos de alguno de los suyos, llamándole por su nombre y comunicándole que se encuentran bien donde están. Es decir, el fenómeno no solo estaba totalmente fuera del alcance de nuestra comprensión, sino que ofrecía consuelo anímico y espiritual al que se acercaba al local de Bacci con la esperanza de contactar con un ser querido fallecido.

Era un tema tan escandaloso que no tardó en recibir críticas, e incluso acusaciones de fraude. Pero él nunca se ha negado a que lo que ocurría con su radio fuera investigado de forma científica. En 2004, un equipo compuesto por varios investigadores, técnicos y científicos acudió a una sesión de transradio (que es como se llama a la técnica de obtención de voces directas a través de la radio). Cuando las voces comenzaron a surgir comprobaron que no pertenecían a ninguna emisión y empezaron a extraer una a una las válvulas electrónicas, sin las cuales el aparato no podría funcionar. Pero después de haber extraído la última válvula, aquellas entidades seguían hablando a través del altavoz, por lo que optaron por desconectar el aparato de la corriente eléctrica. Atónitos y confusos, fueron testigos de que la comunicación continuaba durante, al menos, diez minutos más.

Marcello Bacci es el gran referente en la Transcomunicación por radio, pero no el único. El propio Friedrich Jürgenson, o investigadores como la diplomática Anabela Cardoso, Ignacio Carmona y otros tantos, con diferentes metodologías, han logrado captar tanto psicofonías como voces directas a través de dichos receptores. Aunque bien es cierta una cosa: esta técnica es un tanto más compleja que la obtención de voces con una grabadora, requiere de mayor paciencia, y no son muchos los que lo logran en comparación con aquellos que lo intentan. Pero usted, al haber abierto este libro, ya ha aceptado que todo es posible, así que en el capítulo orientado a la experimentación trabajaremos a fondo este campo. Le ofreceré mi forma de experimentar, así como mis resultados, para que, si lo desea, también incluya la captación de las voces directas de radio dentro de su diario de investigación.

LA CAJA DE ESPÍRITUS

En la época actual ha surgido un nuevo sistema de obtención de voces a través de la radio, mediante el uso de un transistor modificado para escanear frecuencias de forma continua, comúnmente denominado «Ghost Box» o «Spirit Box» (Caja de Fantasmas o Caja de Espíritus). A su debido tiempo conoceremos su funcionamiento, cómo se usa y en qué circunstancias podemos utilizarlo. De momento, vamos a conocer sus orígenes y fundamentos.

En el año 2000, un técnico especializado y parapsicólogo estadounidense llamado Frank Sumption conoció que algunos investigadores estaban utilizando sintonizadores para intentar captar voces paranormales, pero de una forma muy peculiar: hacían girar constantemente la rueda del dial de la radio, consiguiendo hacer un barrido por toda la banda de emisión. Sumption se dio cuenta de que, mientras hacían eso y realizaban preguntas, a veces, entre las voces entrecortadas de los locutores de las emisoras, aparecían otras que daban la impresión de responder a dichas cuestiones. Él, como experto en electrónica, decidió crear un aparato que de forma automática y digital hiciera ese barrido a través de las ondas. El resultado fue lo que se conoce como la «Caja de Frank», un artilugio que cada cierto periodo de tiempo, muy corto, saltaba de una frecuencia de radio a otra. Esto provocaba una mezcla entre el ruido blanco de las frecuencias vacías de emisión y voces y sonidos entrecortados de las cadenas comerciales. Una amalgama de fonemas encadenados, sílabas, ruido, música, más sílabas. Un cóctel sin sentido. Pero, a veces, de una forma que no se puede explicar a través de la lógica, esa tormenta de sonidos se convierte en una palabra, una frase, una sentencia capaz de responder a lo que hemos preguntado. Y ahí encontramos el fenómeno.

El invento de Frank Sumption, conocido como «Frank Box», del que apenas se fabricaron algunas unidades.

Sumption llegó a fabricar unas cien unidades de este invento. Tras su muerte, parecía que aquel aparato iba a caer en el olvido. Pero en el año 2004, Chris Moon, editor de una revista de misterio editada en los Estados Unidos de América, pudo conocer a Sumption y ver en directo el funcionamiento de esta Caja de Frank, lo cual le dejó tan impactado que se esforzó por publicar toda la información sobre el artilugio. Gracias a esto atrajo la atención de otros experimentadores con conocimientos suficientes sobre electrónica como para replicar, e incluso mejorar, el invento de Frank Sumption.

Es cuando aparece, en el año 2009, la figura de Gary Galka, un ingeniero que sufrió la desgracia de perder a su hija, Melissa. Este terrible episodio despertó en él la necesidad de comprobar si la supervivencia a la muerte era real. Al conocer los trabajos publicados de Sumption y teniendo el conocimiento suficiente decidió fabricar un nuevo aparato más moderno, práctico y al alcance de todos, pero con los mismos fundamentos del original. Además, durante sus primeras pruebas, aseguró que consiguió contactar con su hija fallecida, lo que también despertó la curiosidad de una gran cantidad de aficionados al Misterio. Nació así la PSB7, también llamada Spirit Box o Ghost Box, una radio de bolsillo con un diseño específico para realizar barridos de frecuencias, siendo la primera que se fabricaría en masa y se puede adquirir por un precio razonable a través de Internet.

Escaneador de frecuencias de
radio Spirit Box, modelo PSB7.

Ya en el 2011, el investigador y bloguero Steve Huff comienza a experimentar con la PSB7 y pronto obtuvo resultados que rompieron todos sus esquemas. Él siempre ha reconocido que pensó que se trataba de un fraude, pero cuando profundizó en sus experimentos se rindió a la evidencia. Actualmente, se puede consultar su blog y su canal de YouTube: «Huff Paranormal». Sus publicaciones no le dejarán indiferente, se lo prometo.

En España se puede decir que el referente en la experimentación con la PSB7 es Raúl López, investigador en Transcomunicación Instrumental. En el año 2013, comenzó a utilizar esta radio modificada siguiendo la metodología que aplicaba Steve Huff, y al igual que él con una visión inicial muy escéptica sobre los posibles resultados. Pero, en apenas tiempo, López se vio desbordado. La claridad de sus resultados sobrepasaba toda explicación coherente. No contento con haber obtenido estas pruebas, y siguiendo un estricto protocolo de comprobación, envió sus resultados a un ingeniero de sonido, quien, con un exhaustivo informe del material, concluyó que aquello no tenía explicación.

Tuve el honor de que Raúl López contactase conmigo cuando comenzó su experimentación, y quedé realmente sorprendido con el material que me hizo llegar. Más adelante analizaremos las técnicas y resultados que avalan a este prolífico investigador, pero, como adelanto, escucharemos alguna de las voces que ha conseguido captar. En una de sus sesiones de experimentación con la PSB7, López pregunta a las supuestas entidades cuántos dedos está mostrando con la mano, cuando una voz responde de manera clara y correcta «cuatro». Puede ver el video en el siguiente enlace (Cod. 3-2).

Cod. 3-2

Si bien los resultados a la hora de utilizar la PSB7 suelen ser escasos, también son realmente impactantes. Dedicaremos parte de la materia a aprender a utilizar la PSB7 tal como lo hacen los expertos, para así poder realizar nuestra propia experimentación. Encontrará increíbles resultados que va a poder escuchar. Quizá estemos ante un nuevo avance tecnológico que nos acerca más a la comprensión de los fenómenos de voz electrónica. No pierda de vista este aparato.

Llegados a este punto podemos dar por concluida la presentación de estas manifestaciones auditivas y pasar a un siguiente nivel. Si la posibilidad de escuchar voces de procedencia desconocida nos resulta impactante y desconcertante, el hecho de poder ver el fenómeno con nuestros propios ojos nos puede marcar aún más. Cobra todo el sentido la popular expresión que afirma que «una imagen vale más que mil palabras», puesto que ahora nos vamos a adentrar en la captura de imágenes procedentes de una realidad desconocida. Descubramos las psicoimágenes.

CAPÍTULO IV

PSICOIMÁGENES.
LA MANIFESTACIÓN QUE
NOS OBSERVA

IREMOS A TRAVÉS DE LA TELEVISIÓN

La psicoimagen, también conocida como transimagen, constituye uno de los fenómenos más sorprendentes, sobre todo, por su brutal impacto visual. Se trata de la obtención de imágenes, generalmente rostros con forma humana, a través de la pantalla de un televisor. Si con las fotografías podemos llegar a obtener imágenes extrañas, la experimentación con las psicoimágenes da un paso más allá y nos permite obtener imágenes dinámicas, a veces rostros que nos miran, sonríen, se enfadan, o da la impresión de que nos van a decir algo. No es fácil imaginar la mezcla de sensaciones que puede producirse en nuestro interior si nos encontramos ante tal visión.

Como era de esperar, el origen de este fenómeno no fue cotidiano. Aunque, al contrario de lo que ocurrió con las psicofonías, tampoco casual. A principios de los años 80, un técnico de alarmas alemán llamado Klaus Schreiber tuvo la desgracia de vivir cómo, en relativamente poco tiempo, sus familiares fallecieron. Tal cúmulo de funestos acontecimientos provocó en él el ansia por comunicarse con sus seres fallecidos. Schreiber, ajeno hasta entonces al estudio de lo paranormal, descubrió la existencia de las psicofonías y en el año 1984 comenzó a experimentar con su propia grabadora.

Con el tiempo, los resultados llegaron. Empezó a captar voces que le decían enigmáticas frases tales como «iremos a través de la televisión» o «luego nos verás en la televisión». Esto hizo que Schreiber empezara a experimentar con este aparato y su cámara de video, grabando escenas estáticas en lugares que eran especiales para los seres queridos con los que anhelaba contactar, como la butaca preferida de su madre, o el rincón de juegos de su hija; aunque no recibía ningún resultado. Pero un año después, durante otra sesión de grabación de psicofonías, captó una voz que le era muy familiar. Tan familiar que lo dejó completamente paralizado. Era su hija, Karen, que pronunciaba dos palabras que acabarían abriendo las puertas a un nuevo estadio de experimentación. Esas dos palabras eran «canal vacío».

Tras darle muchas vueltas, Schreiber pensó que podría referirse a enfocar la videocámara directamente al televisor y utilizar un canal de TV libre de emisión. ¿Qué canal podría ser ese? ¿Quizá el de la propia videocámara? Lo hizo y comprobó que se producía un efecto visual muy extraño, que él llamaba «nubes», y en realidad se trataba de un efecto de realimentación, ya que la cámara estaba grabando lo que veía, y lo que veía era lo que estaba grabando. Observó aquel hipnótico efecto y, en algún momento, percibió un extraño cambio en aquellas imágenes tan caóticas, por lo que decidió revisar lo que había grabado fotograma a fotograma. Es entonces cuando descubrió algo asombroso: en uno de los fotogramas aparecía el rostro de una niña; y él no albergaba ninguna duda de que aquella era su propia hija. Así pues, nació un nuevo método para captar imágenes de una realidad desconocida. Había creado lo que acabaría conociéndose como el «método Schreiber».

El impacto fue tremendo. Una sacudida a los pilares de la investigación paranormal mediante métodos electrónicos. La comunidad de aficionados y experimentadores de la Transcomunicación Instrumental recibió pronto la noticia. Mientras Schreiber seguía experimentando, consiguiendo cada vez resultados más nítidos, los investigadores centroeuropeos recogían el guante y también llevaban la técnica a la práctica. Y, como era de esperar, los resultados cada vez fueron más espectaculares y abundantes. Rostros de personas, algunas identificables, siluetas humanas, varias personas en una misma imagen, animales, paisajes... Una diversificación de instántaneas que alimentaba el incesante asombro de todo aquel experimentador que se acercaba al fenómeno de la psicoimagen.

Psicoimagen obtenida por Klaus Schreiber, en la
que aparece el rostro de su hija fallecida.

Pero el método Schreiber presentaba un inconveniente, y es que aquellas imágenes eran tan fugaces que no eran fáciles de percibir en el momento de la experimentación, sino tras un minucioso escrutinio de la grabación fotograma por fotograma. Algo que acababa resultando tedioso, hasta improductivo para muchos, y con el tiempo podría provocar un desinterés general por estas manifestaciones visuales. Entonces, dos investigadores españoles obraron un milagro sobre el milagro.

LAS MATEMÁTICAS DE DIOS

A principios de los 90, los investigadores José Garrido y Alfonso Galeano sintieron la necesidad de investigar la psicoimagen. Tras estudiar exhaustivamente el método Schreiber, y compartir información con otros experimentadores, comenzaron su propio camino en este ámbito. Después de obtener sus primeros resultados, y calmado el asombro, empezaron a estudiar el fenómeno de una forma objetiva y científica, llegando a la conclusión de que esas imágenes eran anómalas. Es decir, no había explicación lógica que describiese cómo se crean. Descubrieron que aquellos rostros que aparecían en la pantalla no eran producto del rayo catódico, por lo que no procedían de la fuente original de la que toda imagen que aparece en un televisor proviene. Las anomalías se estaban produciendo en la propia superficie del cristal del aparato, de modo que dedujeron que la fuente debía ser externa. Y quizá ahí estaba la clave.

Tras duros meses de pruebas y experimentaciones, se dieron cuenta de que había una forma de detener la fluctuación caótica de imágenes que la retroalimentación provoca. El uso de una fuente de luz en una posición determinada y enfocada hacia el televisor estabilizaba la imagen, y esta podría ser la forma de congelar la psicoimagen. Empezaron a «jugar» con esa estabilización y los resultados no se harían esperar. Fueron capaces de capturar y retener una imagen en la pantalla del televisor. Por primera vez, el fenómeno se estaba viendo en tiempo real, y no reproducido en un fotograma congelado. Es decir, lo que hasta entonces pasaba desapercibido para nuestros ojos, se podía observar durante minutos.

Aunque tenemos que profundizar en este método, cabe mencionar que este gran avance también permitió a estos dos investigadores estudiar con detenimiento la imagen paranormal en el momento en que es observada. Y de ahí pudieron extraer otra conclusión sorprendente: la psicoimagen no surgía de forma espontánea en el televisor, sino que era el resultado de la magnificación de una imagen mucho más pequeña que nacía en el punto donde la fuente de luz incidía sobre el cristal del aparato. Si dicha imagen era creada, supongamos, en la esquina inferior derecha de la pantalla, luego se reproducía a una escala cada vez mayor y en una misma dirección, obedeciendo a la formación fractal. Esto puede parecer un concepto algo difícil de asimilar, pero no es así. Imagine que tiene sobre su mesa una matrioska, la tradicional muñeca rusa que al destaparla esconde otra similar pero de menor tamaño, que dentro tiene otra, y así hasta llegar a la última, muy pequeña. Pues se podría decir que la psicoimagen original es la muñeca más pequeña, y el resultado más visible en la pantalla es la más grande, aunque también podemos llegar a ver las otras. Sirva la fotografía expuesta a continuación como descripción gráfica.

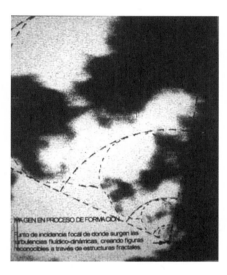

Formación fractal de la imagen paranormal en la pantalla del televisor.

¿Cuál es la consecuencia de este descubrimiento? La importancia radica en que la psicoimagen sigue una correlación matemática, es decir, no es producto del azar ni se trata de una pareidolia; sino que, al igual que tantas cosas presentes en la naturaleza, hay reglas geométricas, fórmulas matemáticas que la crean. Cálculos que ya existían antes de que ni siquiera pusiéramos nombre a los números. Relaciones numéricas con las que el mundo conocido se muestra estable. Entonces, ¿puede tratarse de un fenómeno natural? Es posible, pero no con el concepto que nosotros tenemos de lo natural. Quizá con el que en un futuro sepamos darle, cuando verdaderamente seamos conscientes de la grandeza de todo y de nosotros mismos.

Otra técnica utilizada con relativa frecuencia por los experimentadores en TCI es una derivación simplificada del método Schreiber. Si volvemos con nuestra mente unos años atrás, recordaremos aquellas veces en las que el canal de televisión no se veía correctamente, teníamos que girar una ruedecita o pelearnos con el mando a distancia para poder sintonizarlo. Y en esas maniobras, a veces interminables y enervantes, solíamos ver en la pantalla aquello que llamamos «efecto nieve». Toda una serie de puntos blancos y negros que aparecen aleatoriamente en un viejo televisor. Ese efecto aparecía cuando se sintonizaba un canal que no correspondía a ninguna emisión que pudiera captarse en nuestra ubicación. Un canal vacío, sin información.

El efecto nieve es la consecuencia del funcionamiento normal de los antiguos y aparatosos televisores analógicos de tubo, también denominados CRT's (*Cathodic Ray Tube* o Tubo de Rayos Catódicos). La consecuencia de que la circuitería electrónica de un televisor no detecte una emisión en la frecuencia sintonizada es todo ese baile de puntos por toda la pantalla, sin ton ni son. En algún momento, alguien pensó que ese caos tan sumamente aleatorio podría esconder algo.

Antiguo televisor analógico CRT
desintonizado, con efecto «nieve».

Pero hay más. Algunas personas aseguraron que, de forma espontánea, en sus televisores llegaron a aparecer rostros y otras figuras, algunos incluso reconocibles. Y otros habían obtenido mensajes psicofónicos que les indicaban que encendieran la televisión para poder mostrarse, algo que nos recuerda mucho al caso de Klaus Schreiber. Lo curioso es que algunos de estos casos pudieron ocurrir antes de que se desarrollara la técnica del circuito cerrado que explicábamos anteriormente, y que se suele considerar pionera en la psicoimagen.

Aunque a veces estas imágenes inexplicables han aparecido de forma espontánea, nuestra intención es conocer cómo obtenerlas. En el capítulo correspondiente abordaremos esta otra técnica, pero, a modo de adelanto, debemos saber que consiste en enfrentar una cámara de video a un televisor encendido y desintonizado; es decir, en un canal de televisión analógico que no recoja emisión alguna. Esto hoy en día es sencillo, ya que hace algunos años que las emisiones de señal de televisión terrestre dejaron de ser analógicas para dar paso a la televisión digital. Lo que conlleva la ventaja de que podemos encontrar con facilidad un canal totalmente libre de emisión, sin interferencias, sin miedo a que aparezca de repente una imagen que bien podría corresponder a la emisión de un telediario o un evento deportivo. De hecho, un televisor analógico de tubo no puede por sí solo mostrar imagen alguna, obviando alguna posible emisión de un canal pirata a niveles muy locales.

Pues aquí viene lo interesante, porque algunos de los experimentadores han obtenido figuras perfectamente reconocibles a partir del caos que conforma el efecto nieve. Incluso, el análisis fotograma a fotograma de estas imágenes que aparecen entre el ruido visual ha arrojado como resultado que, a veces, esa nieve empieza a ordenarse hasta formar un rostro que permanece visible durante un cortísimo periodo de tiempo, normalmente imperceptible al ojo humano, y luego vuelve a desordenarse para volver a su estado normal. La importancia de este hecho radica en que esa suerte de ordenamiento del efecto nieve no se corresponde en absoluto con el funcionamiento del televisor; es decir, quedaría descartado que la propia electrónica del aparato pueda mostrarnos esas imágenes de origen paranormal. Fue el caso de los investigadores Maggie y Jules Harsch-Fichbach, integrantes del grupo de Transcomunicación de Luxemburgo, que obtuvieron en su televisor y de forma totalmente espontánea un rostro que conocían perfectamente. Era el mismísimo Friedrich Jürgenson, quien poco tiempo antes había fallecido.

Psicoimagen aparecida en el televisor del matrimonio Harsch-Fichbach, identificada como el rostro de Friedrich Jürgenson.

Esta cuestión es muy importante, ya que más adelante debemos adentrarnos en el conocimiento técnico de todas las herramientas que usaremos en nuestras investigaciones y experimentaciones. Pero hubo otra manera, otra vía, algo que surgió una vez y no volvió a replicarse. Fue tan espectacular como único. Han pasado muchos años de aquello, pero no ha vuelto a ocurrir un caso ni remotamente parecido.

ALGO QUE LES SOBREPASÓ

En muy contadas ocasiones esta grandeza tan superior a nuestro propio ser se ha manifestado de la forma más insospechada. Un hecho que rebasó los límites de lo conseguido en la TCI, y a todos los niveles. Algo se manifestó de una forma diáfana, sin contemplaciones, y sobrepasó a todos los que participaron de aquello.

Ocurrió en las Islas Canarias en el año 1988. Allí existía un equipo de investigadores denominado grupo «Más Allá», interesados por los fenómenos de la mente y el espiritismo.

En el mes de junio de ese año sus experimentaciones se intensificaron hasta el punto de querer obtener rostros en la pantalla del televisor. Al igual que hacían con cada uno de sus experimentos mentales, realizaron una serie de ejercicios de relajación y meditación, hasta conseguir un estado que pudiera permitirles invocar a una entidad de otro mundo. Mientras tanto, varios de ellos se habían encargado de colocar una cámara de video en una posición fija, grabando un televisor encendido que mostraba en la pantalla un canal sin emisión, concretamente la entrada de video, por lo que la imagen presentada era totalmente negra.

Aquellos ejercicios previos se prolongaron durante horas, hasta que algo empezó a pasar en el televisor. Aparecían unos chisporroteos aleatorios en la pantalla. Cada vez eran más intensos y brillantes. En cierto momento dicha imagen se vuelve oscura y llega el impacto. Aparece el rostro de un niño que mira de soslayo, inexpresivo pero muy atento. La definición de la imagen es innegable. Dura apenas unos segundos y desaparece. Poco después, el de un hombre, de mirada turbia. Le seguiría el rostro de una mujer que parece dormir plácidamente. Luego nieve, de nuevo chispazos, otro fundido a negro y, de nuevo, aquella mujer. Daba la impresión de que aquellas imágenes provenían de un ordenamiento del caos de aquel televisor, como si hubiesen terminado un puzle en un segundo. No albergo duda de que son las psicoimágenes más impactantes, claras y definidas que jamás se hayan conocido. Sin una técnica concreta. Sin un material específico. Sin aplicar el método Schreiber. Sin apenas conocimientos técnicos. Le pido que coja su dispositivo móvil y abra el siguiente enlace (Cod. 4-1). Si no conocía con anterioridad estas imágenes, le aconsejo que no se deje llevar más allá de la sorpresa, porque, sin ninguna duda, va a visionar uno de los resultados más maravillosos jamás vistos en la Transcomunicación Instrumental.

Cod. 4-1

¿Qué ocurrió allí? ¿Quizá la explosión y manifestación de la consciencia colectiva? ¿Habían llegado a tal punto de concentración y compenetración como para proyectar sus mentes hacia la pantalla del televisor y dibujar rostros a su antojo? ¿O habían abierto una ventana al mundo invisible? Fueron tan solo dos días de experimentación. Posteriormente, los rostros siguieron apareciendo en el televisor sin que ellos lo pretendieran, provocándoles un miedo que hizo que dejaran la experimentación para siempre. Es curioso, porque si había algún caso que fuera susceptible de desatar todo tipo de rumores y leyendas negras era este; y, por supuesto, así ocurrió. Pasado el tiempo, se rumoreaba que uno de los integrantes perdió el juicio y acabó ingresado en un hospital psiquiátrico. Otro habría muerto en un accidente de tráfico. Pero nada de eso era cierto. Después de la disolución del grupo, y desaparecido el contacto de unos con otros, se refugiaron en el silencio y el olvido. Jamás hicieron una aparición pública para explicar nada, hasta que, en el año 2015, el ya mencionado investigador Raúl López conseguía una entrevista en exclusiva con uno de sus integrantes, llamado Martín, en aquel entonces un chico de apenas 18 años. Este le aclararía que ninguna de las leyendas era cierta, y que, realmente, el grupo se acabó quebrantando por las oscuras y egoístas intenciones de alguien ajeno a aquellos muchachos que creían firmemente en lo que hacían. Una manzana podrida que dio al traste con lo que podría haber sido el mayor fenómeno paranormal de todos los tiempos.

Pero no todo es desesperanza. Nosotros no debemos permitirnos caer en el aburrimiento o la desgana en nuestras investigaciones. Todo requiere un trabajo. Un trabajo necesita un esfuerzo y el esfuerzo debe salir de nuestra propia voluntad. Trabajaremos esos detalles.

En este punto, ya hemos conseguido describir aquellos fenómenos de origen electrónico que serán objeto de estudio en la investigación y experimentación que pretendemos llevar a cabo. Se habrá dado cuenta de que la mayoría de ellos pueden ser captados con aparatos electrónicos convencionales, o ligeramente modificados. Algo que puede haber en casi cualquier hogar, o podemos conseguir por un precio razonable. Pero es sumamente interesante conocer que sí existieron invenciones cuya finalidad era la de conseguir un contacto directo con aquellas entidades que parecen comunicarse con nosotros a través de la TCI. En su mayoría, pudieron funcionar alguna vez y no volvieron a ser replicadas, pero su interés radica en que nos demuestran que cada experimentación puede empezar de una forma similar a otra, pero nunca se sabe de qué manera acabará. Ya le dije que este manual de investigación solo pretende ser el primer puñado de baldosas con las que construir un nuevo camino, y exactamente a esto me refería. Quién sabe hasta dónde es capaz de llegar, solo lo sabrá cuando haya llegado.

Psicoimagen obtenida por el grupo Más Allá de Tenerife.

CAPÍTULO V

MÁS FENÓMENOS ELECTRÓNICOS. LA INGENIERÍA DEL CONTACTO

TÉCNICOS DE OTRO MUNDO

Este capítulo pretende ser un paréntesis en nuestro conocimiento sobre los fenómenos a estudiar, pues hablaremos de ingenios electrónicos que, si bien podríamos reproducir o fabricar nosotros mismos en algún caso, parece ser que tuvieron una utilidad concreta en su día y nunca volvieron a ser funcionales. Existieron casos en los cuales un experimentador, durante alguna sesión de contacto, fuera por la vía que fuese, conseguía una información técnica. Hemos destacado que Marcello Bacci recibía voces psicofónicas indicándole cómo usar la radio y en qué frecuencias buscar. Lo mismo ocurrió con Klaus Schreiber, quien, gracias a las instrucciones de inteligencias desconocidas, desarrolló el conocido método de retroalimentación para la captación de psicoimágenes. Pero, a veces, esas instrucciones, que parecen provenir de otra realidad, han sido tan asombrosamente concretas y detalladas que permitieron el desarrollo de nuevos aparatos para la Transcomunicación Instrumental.

¿Por qué muchos de esos inventos funcionaron de una forma realmente increíble para su desarrollador y otros que replicaron aquellos métodos tan específicos no obtuvieron resultado alguno? La respuesta a esta curiosa incógnita la podríamos encontrar de nuevo en la importancia del investigador. Ya hemos sobrevolado esta idea con anterioridad y seguiré insistiendo, porque creo firmemente en la relevancia de este factor inamovible que somos nosotros mismos. Quizá aquellos aparatos solo funcionaron para quien los creó porque la información recibida, o la idea que acabó desarrollando en base a su experimentación original, se ajustaba a su propia estructura mental y su concepción de la realidad. Nuestra mente es como una huella dactilar, no existen dos iguales, y es posible que nuestra influencia a la hora de experimentar y obtener resultados se vea condicionada también a un nivel técnico. Hasta podría ser un efecto placebo. El solo hecho de creer firmemente en que un aparato, en un principio sin ninguna finalidad útil, es el idóneo para conseguir comunicarnos con lo desconocido ya puede estar condicionando el fenómeno a nuestro favor. Dicho de un modo aún más simple, si va caminando por la calle y no deja de pensar en que va a tropezar en cualquier momento, puede llegar un instante en el que tropiece de una forma absurda e ilógica que no hubiera ocurrido de no haber concentrado su pensamiento en ello. Pues algo así puede tener lugar con esos aparatos especiales de comunicación de un solo uso.

Vamos a hacer un viaje por algunos de estos artilugios que obraron el milagro y solo han respondido ante sus creadores. Le servirá para convencerse de que es posible que, en algún momento de su experiencia, si se lo propone, termine creando algo único y forjado con sus deseos y anhelos.

EL SPIRICOM

Suele ser una de estas historias que cabalgan entre la realidad y la leyenda. No parece haber duda de que existió. A pesar de ello, hasta la fecha, sigue siendo un invento muy cuestionado.

Un aparato que, lejos de debatir si realmente llegó a funcionar o no, era el reflejo del estallido tecnológico imperante en el mundo del Misterio.

En los años 70 del siglo XX se creó la Metascience Foundation, una fundación sin ánimo de lucro con el objetivo de investigar, con todos los medios a su alcance, todo aquello que parezca inexplicable. Estaba formada básicamente por ingenieros, científicos, médicos y todo tipo de personal de prestigio y lego en distintas materias. Y también médiums y personas con capacidades extrasensoriales fuera de lo común.

A principios de los 80, William «Bill» O'Neill, técnico electrónico encargado del área de desarrollo de nuevos dispositivos de la fundación, junto a George Meek, inventaron lo que en un principio se denominó el «Mark IV». Tras varios años de desarrollo, fue capaz de diseñar un aparato con el que, siempre según él y los miembros de la Metascience Foundation, podían comunicarse con seres de otros planos existenciales; y, más concretamente, con espíritus de personas fallecidas. Tan impactante fue el hallazgo que decidieron ofrecer al mundo todo lo que sabían sobre el Spiricom, el nombre con el cual acabaría popularizándose, haciendo pública y de libre acceso su patente.

Pero, ¿hasta dónde llegó el éxito de esta máquina? A día de hoy podemos encontrar en Internet diversos fragmentos grabados por Bill en los que conversaba con un ser del «otro lado», identificado como el doctor Muller. Muller era, supuestamente, un ingeniero de la NASA que falleció en el año 1967. En sus primeras conversaciones con Bill, muy técnicas, le ayudaba a perfeccionar el Spiricom, indicando qué preamplificadores debía cambiar, ayudando a diseñar nuevos circuitos electrónicos y, en general, mejorando el aparato. Sin embargo, sus últimas comunicaciones comenzaron a ser mucho más trascendentales: conversaban sobre la existencia de un mundo superior, un modelo evolutivo que aún no conocemos y le advertía de que pronto pasaría a otro plano existencial en el que sería imposible la comunicación, por lo que debían darse prisa en acabar el proyecto.

Se dice que en total quedaron registradas más de veinte horas de conversaciones entre Bill y el Dr. Muller. De ser cierto, se trata de una auténtica proeza, y más si tenemos en cuenta que el funcionamiento del aparato en sí carece de sentido alguno en el aspecto tecnológico. Al encenderlo, lo único que se oye es una mezcla más o menos homogénea de frecuencias diferentes. Pero ahí estaba la magia: el diseño del Spiricom se basaba en la emisión de trece frecuencias sonoras no escogidas al azar, sino, supuestamente, indicadas por espíritus de ciertos ingenieros con los que los médiums de la Metascience Foundation pudieron contactar. La premisa era que estas entidades podían modular o alterar esas frecuencias para convertirlas en voces similares a las humanas y así poder comunicarse con el experimentador.

Cod. 5-1

Pero las voces que surgieron de ese aparato eran metálicas, robóticas, carecían de entonación alguna; por tanto, no parecía que tuvieran un origen natural. Claro que, atendiendo al funcionamiento del aparato, ese sería el resultado a esperar, una voz que parecería fabricada artificialmente. Escuchemos ahora un fragmento de una conversación que mantuvieron William O'Neill y el supuesto espíritu del doctor Muller. En el mismo enlace encontrará la transcripción y traducción de la conversación (Cod. 5-1).

El técnico William O'Neill
utilizando el Spiricom.

De forma resumida, el aparato consistía en un generador de tonos que creaba y mezclaba los sonidos de origen, un emisor de radio que producía una señal, un receptor que la recibía y, por último, un magnetófono que grababa el resultado del experimento. La teoría era que en el momento en que la onda de radio estaba viajando del emisor al receptor era modulada por la entidad paranormal creando esas voces. De hecho, la propia Metascience Foundation publicó todo lo referente al Spiricom, incluso esquemas que mostraban su funcionamiento y servían para fabricar más aparatos similares; pero, hasta la fecha, aunque ha habido serios intentos de reproducir una comunicación similar a la que hubo entre William O'Neill y el Dr. Muller, nadie lo ha conseguido.

EL CRONOVISOR

¿Recuerda al padre Ernetti, quien, en 1952, consiguió captar psicofonías mientras grababa con su magnetófono cantos gregorianos? Pues ese solo fue el inicio de su carrera como investigador en TCI. También se le atribuyen resultados con el método transradio, pero lo que realmente le hace ser recordado fue que, en 1972, declaró públicamente haber sido capaz de construir, junto a un equipo de científicos, un aparato que podía fotografiar el pasado. Imagine que viaja a una época anterior de su vida para fotografiar su primer cumpleaños y traer esas fotos al presente. Muy enrevesado, inverosímil y excéntrico; pero este monje benedictino aseguró que lo había conseguido. El invento en cuestión fue bautizado como el Cronovisor.

Pocos años antes, Ernetti conoció por casualidad al clérigo francés François Brune y le confesó que estaba trabajando en un artilugio diseñado para traer al presente imágenes del pasado. Brune siguió muy de cerca aquella experimentación y en algún momento ocurrió algo. Brune aseguraba que una conversación de carácter filosófico con Ernetti había dado como resultado la opinión de que un aparato capaz de mostrarnos tiempos pretéritos podría ser una poderosa y terrible arma contra la humanidad, por lo que el propio Ernetti decidió desmontar el Cronovisor y enviar las piezas por separado a Suiza, donde serían guardadas en diferentes cajas fuertes dentro de un lugar seguro.

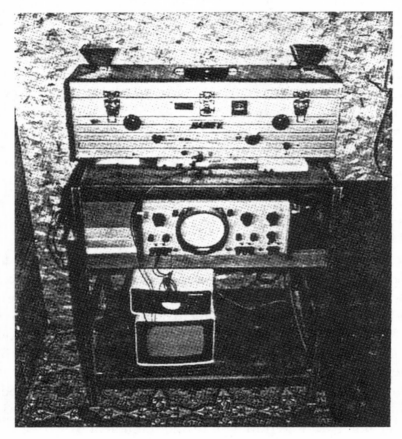

Supuesto aspecto del Cronovisor de Ernetti.

No se volvió a saber nada al respecto. Es cierto que, en la actualidad, podemos encontrar imágenes en blanco y negro que se atribuyen al Cronovisor, sobre todo representando escenas religiosas como la Pasión de Jesucristo, o este paseando junto a sus apóstoles; pero dichas imágenes parecen ser fraudulentas, y no hay nada que nos permita estar seguros de que realmente fueron fruto de aquel extraño experimento.

LA MÁQUINA DE KÖNIG

Hans Otto König es un investigador de origen alemán que ha dedicado prácticamente toda su vida a perseguir el contacto. Ayudado de sus conocimientos científicos y electrónicos, ha ido diseñando y mejorando ingeniosos aparatos que le han brindado la comunicación con seres de otros mundos, siempre según él.

Sin duda, es uno de los experimentadores más prolíficos en Transcomunicación Instrumental de la historia, y sus trabajos lo avalan. Pero hubo un episodio en su vida que estremeció a millones de personas con sus voces paranormales.

El 15 de enero de 1985, König es invitado a participar en el programa de radio *Historias increíbles*, emitido en la mayor cadena de radio de Europa en aquel momento —Radio Luxemburgo—, seguida por millones de personas. Pretendían que hiciera una demostración en directo de sus comunicaciones con un supuesto más allá, pero lo ocurrido superó todas las previsiones. Con el aparato de ultrasonidos que acababa de inventar las voces no tardaron en aparecer. Respondían a las preguntas de todos los presentes, mientras que los técnicos encargados de revisar el artilugio en busca de cualquier posible fraude perdían la cabeza y se rendían ante la evidencia. Fue tal el revuelo que la centralita de teléfono de la cadena de radio se colapsó. Los oyentes estaban aterrados y estremecidos ante aquel fenómeno e, incluso, muchos de ellos se mostraban muy enfadados por el convencimiento de que aquello no era más que una pesada broma.

Fue tal el impacto que, en pleno directo, el presentador se dirigió a los oyentes diciendo textualmente «*Les digo a vosotros, queridos oyentes de Radio Luxemburgo, y juro por la vida de mis hijos, que nada ha sido manipulado. No hay trucos. Es una voz, y no sabemos de dónde viene*». También el director de Radio Luxemburgo tuvo que convocar una rueda de prensa para intentar explicar lo sucedido y asegurar que no fue ningún tipo de montaje.

Tres años más tarde, este investigador sería invitado a participar en un programa de televisión llamado *Historias asombro-*

sas para realizar una demostración en directo de otro de sus ingenios. Se trababa de un sistema basado en infrarrojos que podía recoger voces paranormales. Fue revisado por los técnicos de la RTL (Radio Televisón de Luxemburgo) sin que hallaran fraude o trucaje alguno. Para estupor de todos, comenzaron a escuchase voces a través de sus aparatos que hablaban directamente a los presentes. Minutos antes de aquella prueba, Rainer Holbe, el presentador, anunció a los espectadores que iban a presenciar algo fuera de lo común. No se equivocó.

De izquierda a derecha, Marlene Dohrmann, ayudante de König, el presentador Rainer Holbe y Hans Otto König, durante la demostración en directo de la televisión de Luxemburgo.

Han sido muchos los contactos que König ha mantenido a lo largo del tiempo. Se puede decir de él que es el ejemplo perfecto de lo que hemos comentado al principio de este capítulo, ya que siempre ha mantenido que sus inventos los ha fabricado siguiendo las directrices que se le han dado en sueños, o en experimentos anteriores. A pesar de que siempre ha sido transparente a la hora de mostrar sus aparatos, nadie ha podido replicar sus resultados. Sus instrumentos estaban diseñados para él, para su estructura mental y por eso él asegura que no sirven para nadie más.

LO COTIDIANO TAMBIÉN ES PARA ELLOS

La ingente cantidad de casos recopilados a lo largo del tiempo acerca de fenómenos extraños en los que un aparato electrónico es protagonista nos deja meridianamente claro que, sea cual fuere la causa que provoca estos eventos, se puede manipular prácticamente cualquier cosa: teléfonos, contestadores automáticos, ordenadores personales... Todo aquello que usamos para comunicarnos en el día a día, en alguna ocasión, ha llegado a dejar perplejo a alguien.

Pedro Amorós, uno de los investigadores más conocidos en la actualidad en el campo de la Transcomunicación Instrumental, recibió en una ocasión un documento estremecedor. La testigo en cuestión le explicó que su padre acababa de fallecer de forma súbita, al levantarse de la cama, a consecuencia de un infarto. No habían pasado muchas horas desde aquel funesto suceso cuando, estando la familia reunida en la vivienda, velando el cadáver del fallecido, suena el teléfono. En apenas un momento, salta el contestador automático y a través de su altavoz se escucha la voz de quien está al otro lado de la línea: «*¡Porque me levanté, y cuando me levanté!*». Es fácil imaginar la reacción de los presentes, ya que aquella voz era la de la misma persona que estaban velando, como si, fuera de tiempo, intentase explicar a su familia lo que le había ocurrido. Y por muy increíble que parezca, no se trata de un caso excepcional. Son muchas las personas que aseguran haber recibido extrañas llamadas telefónicas cuyo interlocutor se identifica como una persona que ha fallecido, e incluso han dejado mensajes en el contestador.

Otro aparato susceptible de manifestar un fenómeno de voz electrónica es el coloquialmente conocido como «vigilabebés». Los padres lo utilizan para poder escuchar si el recién nacido despierta o llora a través del intercomunicador. Pero ha habido casos en los que se ha podido escuchar algo que poco tenía que ver con el llanto de un bebé. Debemos tener cuidado en estos casos, ya que estos aparatos son muy susceptibles de recibir interferencias que pueden provocar en ellos un mal funcionamiento, y es muy probable que la mayoría de los casos tengan esa explicación tan lógica. No obstante, como ocurre con todos estos temas, en algunas ocasiones, esa voz que no pertenece a este mundo y se ha escuchado en el vigilabebés simplemente es inexplicable.

Es cierto que todos los casos que hemos conocido en este capítulo no van a ayudar directamente a nuestra investigación desde un punto de vista práctico, pero son realmente útiles, ya que nos demuestran que las entidades, aquellas que de forma inteligente utilizan de manera invisible nuestros aparatos electrónicos, pueden hacer prácticamente cualquier cosa. Esta idea nos permitirá tener una mente mucho más abierta cuando llevemos a cabo nuestra investigación y experimentación.

CAPÍTULO VI

LOS FENÓMENOS ESPONTÁNEOS. TRASPASANDO EL VELO

PREPARANDO NUESTROS SENTIDOS

¿Alguna vez ha sido testigo de algo inexplicable? ¿Ha vivido alguna experiencia que ha roto todos sus esquemas mentales y ha dejado obsoleto su conocimiento sobre las cosas? Siempre he sostenido la teoría de que casi todas las personas, a lo largo de su vida, en algún momento se han enfrentado a lo imposible. El problema radica en que la mayoría de ellas jamás han compartido su experiencia. Por muchos motivos tales como vergüenza, miedo, o algo aún más simple y seguramente más extendido, sencillamente no le dan la más mínima importancia. Quiero decir con esto que, aunque hasta el momento hemos hablado de la caza de fenómenos paranormales, estos también pueden presentarse de forma espontánea, en cualquier lugar y circunstancia. Y aunque es probable que muchos de ellos puedan acabar teniendo una explicación razonada, siempre habrá un pequeño porcentaje que escapará de los estándares científicos y lógicos. He querido denominar fenómenos espontáneos a todos aquellos que se producen sin control alguno, ya sean físicos (actuando sobre algo material), energéticos (influyendo en la electricidad o los medios electrónicos), o sensoriales (captados con nuestros propios sentidos). La observación de este tipo de hechos llega a ser de gran utilidad a la hora de desarrollar nuestro trabajo, ya que pueden llegar a aportar datos y otras informaciones relacionadas con lo que pretendemos descubrir.

Durante una investigación puede no ocurrir nada, o puede ocurrir todo. Podemos tratar de captar fenómenos invisibles o inaudibles de forma natural, tales como las psicofonías, las voces directas de radio, las psicoimágenes, etcétera, pero también estaremos expuestos a otras anomalías que, si bien pueden causar cierto desasosiego por el simple hecho de pensar en experimentarlas, suelen ser parte intrínseca de una investigación paranormal, ya sea por la observación directa o indirecta de las mismas.

Este tipo de fenómenos se suelen atribuir a los lugares encantados, aunque, a mi modo de verlo, pueden suceder en cualquier punto. Ruidos, golpes, sonidos, desplazamiento de objetos, apariciones espectrales… Situaciones tan singulares que son capaces de alimentar el miedo y la curiosidad a partes iguales. Hechos insólitos que han inspirado las novelas más terroríficas, las películas más inquietantes o las músicas más desconcertantes, pero que pueden ser más reales de lo que parecen.

Durante nuestras investigaciones, es muy probable que conversemos con testigos que nos aseguren haber vivido fenómenos paranormales en sus viviendas, o en algún escenario específico. Esto es algo muy a tener en cuenta, ya que los fenómenos físicos han sido históricamente inherentes a las casas encantadas. Claro que esta definición parece acotar estas situaciones anómalas a espacios muy concretos, y yo me he comprometido con usted, desde un principio, a tratar de no influirle con mis hipótesis y pensamientos, por lo que nos centraremos en los sucesos y su forma de investigarlos. Eso lo dejaremos para más adelante.

Pero, ¿qué entendemos hoy en día por un lugar encantado? Puede que la definición más genérica, y quizá más acertada, sea la de una ubicación concreta en la que tienen lugar sucesos extraños. Puede ser cualquier tipo de edificio, o una estancia o parcela concreta dentro de este. Esto no elimina en absoluto la posibilidad de que ocurran fenómenos en cualquier lugar y sin motivo aparente, pero sí parece existir un consenso entre la mayoría de los investigadores en señalar lugares específicos como foco de los fenómenos. ¿Por qué? La teoría más extendida trata de explicarnos que los hechos acontecidos en un pasado pueden condicionar la aparición de fenómenos paranormales en nuestro tiempo. Como si algo quedara grabado en ese enclave, sin que sepamos cómo, y de vez en cuando vuelve a suceder. Normalmente, se señalan como culpables a ciertos capítulos luctuosos, donde hayan tenido lugar muertes violentas, tragedias emocionales extremas, el padecimiento de dolorosas enfermedades o cualquier tipo de desgracia imaginable. Es decir, los sucesos negativos parecen tener mayor influencia que los positivos. Por lo tanto, si la teoría fuese correcta, todo se concentraría especialmente en hogares, hospitales, cárceles o lugares donde se hayan librado cruentas batallas.

Tengamos en cuenta algo que considero de gran importancia. A lo largo de la historia ha muerto muchísima gente en circunstancias de lo más variado y en todo tipo de emplazamientos. Hasta hace relativamente poco tiempo la mayoría de las muertes naturales se producían en las casas, y no en los hospitales, como suele ser habitual ahora. Tragedias y problemas familiares pueden suceder en todos los hogares. Entonces, ¿por qué se manifiestan estos fenómenos en sitios muy determinados y no en casi todos? ¿Realmente la culpa es solamente del lugar y de su historia? Piense por un momento: ¿Realmente no caben más factores en esta ecuación?

EL FACTOR HUMANO

Puede que me precipite, o que acabe contradiciendo alguna hipótesis aceptada por un colectivo, pero durante mis investigaciones hay algo que siempre he observado y no puedo obviar. Mi camino aún se sigue forjando, poco a poco, pero he tenido la suerte de tener toda una serie de experiencias que me han hecho ver que no todo es blanco o negro. Y lo más importante, he observado en los casos a los que me he podido enfrentar que las personas son una pieza más de este puzle, apenas empezado a armar, que es el Misterio.

No sabemos cómo, ni por qué, pero existe una influencia sobre los fenómenos extraños que es ejercida por el ser humano. Ya sea el experimentador o el propio testigo, parece haber una especie de mano invisible que surge del propio ser y llama a la puerta de otra realidad. Incluso, si tiene la suficiente fuerza, la abre de par en par. Hace no mucho tiempo tuve la ocasión de hablar con una persona experimentada en el conocimiento de las capacidades fronterizas de la mente humana, y con apenas unas frases me lo explicó con una claridad asombrosa: «*Todas las personas podemos potencialmente aprender a tocar el piano. A algunas les costará años de práctica, y quizá no alcancen más que un nivel mediocre. Pero otras, desde que son niños, lo tocan con una facilidad pasmosa, sin que nadie les haya enseñado, interpretando melodías preciosas e imposibles para la mayoría. Eso es el talento, y el ser humano tiene muchos talentos. Algunos como el don para la música los conocemos, otros, como nuestro potencial mental, aún no*». Es decir, cabría la posibilidad de que tengamos ciertas habilidades que no alcanzamos a comprender y seguramente dormiten en la mayoría de nosotros, pero pueden despertar en algunos.

Antes de seguir, quiero dejar claro que no intento lanzar el mensaje de que todo fenómeno paranormal tenga una explicación a través de nosotros mismos, como si pudiéramos provocarlo de una forma inconsciente. Pero sí agradecería que, en este momento, mantenga su mente abierta y piense en la posibilidad de que nosotros podemos ser la llave que abre una cerradura.

Los llamados fenómenos *poltergeist* (del alemán *poltern-geist*, que significa fantasma o duende ruidoso) son una serie de sucesos que se concentran en un lugar de los que llamamos encantados. Fenómenos físicos, como puertas que se abren solas, objetos que se desplazan por sí mismos, funcionamiento caprichoso de las luces, averías inexplicables de otros aparatos, y todo aquello que, supuestamente, necesitaría de la acción humana para ocurrir, pero que ocurre sin esta. Los fenómenos *poltergeist* se han asociado a lugares en los que podría morar un alma desencarnada, o un demonio, pero en las últimas décadas se empezó a establecer una relación entre estos sucesos y alguna de las personas que viven o frecuentan el lugar donde ocurren. Este nuevo enfoque fue el fruto de un estudio más objetivo y exhaustivo que, como ya comentaba en capítulos anteriores, fue posible gracias al interés que despertó el Misterio en personas formadas y especializadas en los campos científicos más diversos cuando la tecnología hizo su aparición.

Por tanto, ha surgido un acuerdo mayoritario que consiste en dividir los fenómenos en dos grandes grupos: la casa encantada y el *poltergeist*.

En el primer caso, los fenómenos serían ajenos a la persona y, por tanto, independientes. Es decir, se podrían alargar en el tiempo y siempre ocurrirían en el mismo lugar hasta que de alguna manera se desactivara la causa paranormal. El origen, tal como acabamos de abordar, podría estar en un hecho luctuoso del pasado.

Pero en cuanto a los *poltergeist*, la teoría propuesta en los últimos años mantiene que el origen de los sucesos está en una persona. En la mayoría de las ocasiones, se señala a alguien emocionalmente inestable o de temprana edad, bajo la premisa de que los jóvenes o adolescentes, al encontrarse en una etapa extremadamente delicada de su desarrollo mental, pueden llegar a proyectar sus miedos, preocupaciones e indecisiones de forma que alteren el espacio físico. Muchos investigadores, especializados en este tipo de sucesos, han acabado resolviendo los fenómenos que acontecen en una vivienda o un lugar de trabajo apartando a la persona que, por sus características emocionales, han considerado el foco de los mismos, o bien prestándole atención psicológica. Pero diré una vez más que no todo es blanco o negro.

Con lo tratado hasta ahora podríamos elaborar un pequeño resumen explicando que los fenómenos espontáneos son aquellos que surgen sin control. Pueden ser de tipo físico, energético o sensorial, y su origen podría estar en la impregnación del lugar, la mente del individuo, un equilibrio entre ambas o bien una causa para la que aún no existen las herramientas suficientes que nos permitan su conocimiento. Es un buen momento para empezar a conocer cuáles son estos fenómenos según su naturaleza.

LOS FENÓMENOS FÍSICOS

En julio de 2016 me hallaba inmerso en una de las actividades que realizamos el equipo de Córdoba Misteriosa; concretamente, en la visita guiada con la que recorremos la Facultad de Filosofía y Letras de Córdoba para adentrarnos en su historia y los misterios que atesora el viejo edificio. Era casi media noche —faltaba poco para concluir—, recuerdo que hacía bastante calor y ni siquiera corría aire en el interior. Nos encontrábamos en el Aula I, una estancia muy especial puesto que allí estaba localizada la morgue de lo que fue el Hospital de Agudos que el edificio acogió durante más de dos siglos. El grupo que nos acompañaba, de aproximadamente treinta personas, se encontraba sentado en las banquetas donde habitualmente lo hacen los alumnos, mientras atendían con interés a mi explicación.

En las filas centrales de bancos, se encontraba sentada una mujer que descansaba su cabeza sobre las manos, con los codos apoyados en la mesa. Delante de ella tenía un botellín de agua casi lleno. De repente, justo en el momento en el que yo miraba en dirección a aquella mujer mientras hablaba, vimos cómo su botella de agua salía disparada, como si una mano invisible la agarrase y tirase con fuerza, o la golpease, llegando a volar varios metros. Normalmente, pocas situaciones pueden provocar que me quede sin habla, pero aquel suceso lo consiguió. No solo yo, sino todas las personas presentes. El silencio fue absoluto durante algunos segundos, pero rápidamente desapareció entre murmullos de sorpresa, asombro e incluso nerviosismo. ¿Qué acababa de ocurrir? ¿Cómo una botella de agua había saltado por los aires sin que nadie la tocara? No lo sé, y es posible que nunca lo sepa, pero el impacto fue tremendo. Todos fuimos testigos de lo que ocurrió y, como suele pasar en estas circunstancias, las impresiones fueron de lo más variopinto. Porque estas situaciones nunca dejan indiferente a nadie.

Aspecto actual del aula 1 de la Facultad
de Filosofía y Letras de Córdoba.

¿Tuvo que ver el hecho de encontrarnos en un edificio conocido por sus fenómenos? ¿O que sucediera en ese lugar tan
especial del mismo? Quién sabe. Hasta este momento solo he
podido comprobar que aquella botella se despegó de la mesa
de una manera inexplicable. Me he permitido la licencia de
intentar replicar lo ocurrido, incluso probando en días en los
que hay viento y entra con relativa fuerza en ese aula. He dado
golpecitos y hecho vibrar la mesa. Hasta he probado a mojar
la superficie y ver si la botella se escurría. Pero jamás se ha
movido. Y es que, lamentablemente, no hay mucho más que
podamos hacer ante un caso así. Pero hay un dato más que
sumar a este insólito hecho: la dueña de aquella botella ha
vivido una serie de experiencias inexplicables en su entorno
desde hace tiempo. De hecho, el equipo de Córdoba Misteriosa y el programa de televisión *Cuarto Milenio* investigaron los
fenómenos que acontecían en su hogar. Con esto quiero decir
que, de nuevo, nos encontramos con el factor humano como
¿el origen del suceso, un desencadenante o un canalizador?
Tan solo pretendo refrescar un poco la idea de que nosotros
mismos podemos estar vinculados al Misterio.

Cuando hablo de fenómenos físicos me refiero a la interacción con el medio físico y material de una forma inaceptable
para nuestra lógica. Sucesos tales como el movimiento de una

silla sin nada que la empuje, la rotura repentina de un jarrón de cristal, la desaparición de un objeto que aseguraríamos haber dejado en un lugar concreto, el balanceo de una lámpara colgante… Son tantas las posibilidades que intentar clasificarlas se antoja eterno, por lo que nos quedaremos con una idea más global: Cualquier evento que pueda alterar el medio material de una manera inexplicable para nosotros, incluso para la ciencia.

A pesar de que esta fenomenología es muy habitual, casi un tópico, entre los testimonios sobre vivencias paranormales, captar un suceso de estas características es muy complicado. Desesperadamente complejo, ya que no hay muchas posibilidades de captarlo en directo. Solo una carambola mediante la cual debería ocurrir algo justo en el momento en que nuestra cámara de video o fotográfica está enfocando. Es pura cuestión estadística, si intentamos captar un fenómeno físico en un lugar en el que el testigo nos asegura haber vivido tres o cuatro situaciones, y teniendo en cuenta que lo normal es que la duración de estos fenómenos sea de unos cuantos segundos, o menos, las posibilidades son realmente remotas. No es que sea imposible, pero sí altamente improbable. Si, por ejemplo, la persona que nos revela haber presenciado estos fenómenos lleva cierta cantidad de años viviendo en su casa, estamos hablando de apenas unos segundos o minutos de sucesos extraños frente a todos los años que lleva habitándola. Lo normal en una investigación en una vivienda particular es que nuestra visita sea breve, y esto provoca que la estadística nos diga que es más probable acertar la lotería que presenciar el fenómeno.

Esto puede parecer desalentador, pero no es mi intención sacarle de la cabeza la idea de que pueda ser testigo de un fenómeno físico. Todo lo contrario. Me parece importante tomar conciencia de que el hecho de que nosotros, como investigadores, no lo presenciemos, no significa que sea imposible que ocurra. Simplemente hay que armarse de paciencia. Y si nunca llegamos a vivirlo, no pasa absolutamente nada.

Sobre esto, existen muchos videos circulando en Internet. Supuestas cámaras de vigilancia que captan el movimiento de una silla o una puerta que se abre, o grabaciones de aficionados que, de forma totalmente accidental, registran cómo ha caído un objeto de la mesa al suelo. Pero, por desgracia, sabemos que gran parte del material de este tipo en la red es fraudulento. Los motivos son muchos, los analizaremos para alimentar nuestro criterio; pero, en definitiva, no debemos dejarnos llevar por lo primero que veamos. ¿Quiere esto decir que una prueba en forma de video no tiene valor alguno para nosotros? Por supuesto que lo tiene. Sobre todo, cuando las cosas se hacen bien. En la inmensa mayoría de esos videos no existe información alguna sobre quién lo ha grabado, en qué condiciones, lugar, con qué tipo de cámara, o si la grabación es original o manipulada. En este punto es donde se marca la diferencia. Podemos ser muy rigurosos en nuestra investigación sin perder un ápice de emoción e interés por ella. Cuando un investigador está comprometido con lo que hace y no tiene temor alguno a mostrar cómo investiga, el material que usa y las pruebas y análisis en los que se basa para presentar sus conclusiones, todo cambia. Podremos equivocarnos y aprender de nuestro error. Hasta podemos encontrar a personas con mayores conocimientos que los nuestros y que nos ayuden a mejorar. Ese será nuestro camino en adelante, porque solo así nos iremos acercando poco a poco a lo más íntimo del fenómeno.

Un caso que vale la pena recordar es el que tuvo la oportunidad de presenciar el conocido Grupo Hepta, fundado por el desaparecido padre José María Pilón y dedicado a la investigación parapsicológica. Este equipo multidisciplinar lleva varias décadas de incansable investigación. En cuanto a fenómenos físicos se refiere, no dudan en asegurar que el caso que ellos llamaron «El Baúl del Monje» fue el más espectacular. Para ponernos en situación, acudieron a un establecimiento de venta de antigüedades y todo tipo de objetos en el que parecían ocurrir fenómenos extraños. Aparte de la investigación psíquica, llevada a cabo por los dos sensitivos que forman parte de este grupo, vivieron algunas situaciones imposibles. Todos fueron testigos de cómo un crucifijo clavado en la pared se liberó de la misma y, en palabras de Sol Blanco Soler, periodista y también componente del equipo, «*después de realizar una trayectoria absurda, terminó aterrizando a los pies de Piedad Cavero y Lorenzo Plaza*».

Pero cuando aún no se habían repuesto de aquel susto, un cortapuros, que apareció de la nada en el techo de una habitación, cayó estrepitosamente sobre la barra de un toallero que había encima de una mesa de cristal. La fortuna quiso que Piedad Cavero, también perteneciente a este Grupo Hepta, estuviera filmando con su cámara y pudiera captar aquel imposible. Haber recogido aquel video fue providencial, ya que un posterior análisis por parte de los físicos que formaban parte del equipo arrojó que la trayectoria del cortapuros no se debía a una caída normal, influida solamente por la gravedad, sino que desde lo más alto, ese lugar donde había aparecido espontáneamente, ya caía con una fuerza superior, como si alguien lo hubiera tirado. De esta forma tan espectacular, el Grupo Hepta se encontró con un fenómeno que contradecía las leyes de la física, con la fortuna de haberlo registrado y poder documentarlo.

Hay otra vertiente que debemos tener en cuenta. La parapsicología siempre ha tratado de estudiar el movimiento y la alteración física de objetos, y aunque antes hablábamos de hechos espontáneos y aislados, sí que se han realizado numerosas pruebas controladas para intentar averiguar el alcance de la mente humana en estos casos. Es lo que se conoce como telequinesis, el movimiento de objetos sin que ningún tipo de fuerza física influya sobre ellos. Recordemos al mundialmente famoso mentalista Uri Geller, que hace algunas décadas dejaba estupefactos a los españoles doblando cubiertos con su propio pensamiento en la televisión nacional. Pero sirva esto solo a título informativo, ya que difícilmente una persona con poderes extrasensoriales va a aparecer en nuestra parcela de investigación. Y si eso ocurre, es necesaria una preparación previa por nuestra parte que nos permita interpretar lo que esa persona sensitiva nos comunique.

En las primeras páginas de este libro ya nos pusimos de acuerdo en que esto no es simple curiosidad, hay algo más y queremos saberlo. Y ahora, sigamos definiendo aquellos fenómenos que, con algo de suerte, nos pueden llegar a acompañar.

LOS FENÓMENOS ENERGÉTICOS

Podríamos entender como fenómenos energéticos aquellas alteraciones del funcionamiento de un aparato electrónico, o bien del suministro eléctrico, que provocan comportamientos anómalos e inexplicables. Soy consciente de que esta definición también podría englobar lo tratado en capítulos anteriores, como las psicofonías, las voces directas o las psicoimágenes. Pero insisto en que, en esos casos, estamos tratando de reproducir un fenómeno, mientras que en los comentados en este capítulo surgen sin control y no existe método conocido para provocar que ocurran.

Ya relatábamos que, por un motivo desconocido, en ocasiones se manifiesta una fuerza capaz de modificar nuestros artilugios electrónicos, y también la electricidad. No son pocos los testimonios que en su relato incluyen luces que se encienden o apagan a su antojo, televisores que se ponen en funcionamiento por sí solos, bombillas que explotan después de experimentar una inusual subida de la intensidad eléctrica, y así sucesivamente. En muchas ocasiones, esta disfuncionalidad encuentra una respuesta técnica y científica, pero algunas otras simplemente quedan sin resolver. Más adelante, trataremos de ofrecer algunas nociones básicas que nos permitan distinguir, en nuestra investigación, si un fenómeno energético es anómalo o puede ser entendido.

Este tipo de eventos suelen ocurrir dentro de lo que denominamos fenómenos *poltergeist*, y aunque no se han estudiado muy a fondo, sí ha habido casos realmente increíbles que han sobrepasado a técnicos y expertos. El profesor Hans Bender, alemán, considerado uno de los mayores investigadores de fenómenos paranormales del siglo XX, se enfrentó a un caso en el que quedó patente la existencia de los fenómenos energéticos, y de las formas más inverosímiles. En la ciudad alemana de Rosenheim tenía su sede un prestigioso bufete de abogados. Era el año 1967, el teléfono prácticamente estaba implantado en todo el mundo desarrollado y era un medio de comunicación constantemente utilizado. Pero en aquel bufete utilizarlo era una pesadilla, ya que constantemente se escuchaban ruidos e interferencias en las líneas, y era habitual que la comunicación se cortara de forma involuntaria. Esto indignó al director del bufete, que muy enérgicamente protestó a la compañía Siemens, encargada del suministro telefónico de su negocio. Los técnicos revisaron durante algunas semanas el cableado telefónico, metro a metro, sin encontrar desperfecto alguno; aun así, lo acabaron sustituyendo por completo.

Cuando todo pareció volver a la normalidad, las facturas correspondientes a las llamadas realizadas en los despachos acabaron por sacar de sus casillas a los responsables del negocio. Tomaron la decisión de cambiar de compañía e instalar contadores que registraban cada llamada realizada desde el bufete. Pero estos aparatos reflejaban que, de forma indiscriminada, se marcaban números telefónicos de información. Lo curioso es que las supuestas llamadas se realizaban siempre en las primeras horas, mientras observaban impotentes que los teléfonos no se habían tocado.

Todo cambió un día en el que un electricista se disponía a sustituir un tubo fluorescente de luz que se había fundido. Al extraerlo, comprobó que estaba totalmente retorcido, algo que no puede ocurrir. Desde entonces, se produjeron fallos generales del suministro eléctrico, sustituciones habituales de bombillas y otras tantas averías. Poco después, los fenómenos físicos hicieron aparición: las lámparas se balanceaban y pequeños objetos salían despedidos por los aires.

Fue entonces cuando el bufete requirió la ayuda de Hans Bender para intentar averiguar qué estaba pasando allí realmente. Este investigador pudo ser testigo durante el periodo de tiempo que estuvo en aquellas oficinas de lo que allí acontecía. Utilizaron medidores de campos electromagnéticos e incluso de ultrasonidos, con la esperanza de que algún flujo magnético o sonoro estuviera provocando esa concatenación de fenómenos, pero los resultados fueron en todos los casos negativos. Dejaron constancia fotográfica de lámparas moviéndose endiabladamente y objetos suspendidos en el aire. Bajo su juicio, era un claro caso de *poltergeist* que no tenía una solución cotidiana.

Bender pensó que quizá alguien podría tener que ver con aquello. Entrevistó a los trabajadores del bufete por separado, y fue Anne-Marie Schneider quien llamó poderosamente su atención. Realizó con ella todo tipo de pruebas acerca de sus capacidades mentales, concluyendo que aquella chica, de diecinueve años, poseía unas facultades «psi» (psíquicas) sorprendentes y, por tanto, ella debía ser la culpable de los acontecimientos. Lamentablemente, cuando Hans Bender emitió su informe final, la secretaria fue despedida fulminantemente. Desde aquel entonces, todo en aquel despacho volvió a la normalidad, aunque aquella pobre chica perdió su empleo por algo que ni siquiera podía controlar. Un final injusto a mi parecer, pero, si nos fijamos en los detalles objetivos, esta historia resalta una vez más la posible influencia de nuestra mente en los fenómenos, en su mayoría energéticos.

A la izquierda, la secretaria Anne-Marie Schneider.
A la derecha, el parapsicólogo Hans Bender
señalando la levitación de un bolígrafo.

¿Se pueden medir estos fenómenos? ¿Se puede autentificar su procedencia paranormal? Trataremos de averiguarlo.

Otro hecho de obligada mención es el mal funcionamiento que pueden presentar nuestras pilas y baterías durante una investigación. He podido vivir con una gran frustración el hecho de estrenar una pila y no durar ni cinco minutos con carga. Recuerdo lo ocurrido, en una ocasión, junto a José Manuel, Julia y otros amigos de Córdoba Misteriosa, en un hotel rural ubicado en Monachil, un pueblo de Granada, acompañado también de María del Carmen y José Luis, investigadores del Equipo Raudive, que tuvieron a bien invitarnos a acudir a ese enclave en el que ellos ya habían obtenido resultados en investigaciones previas. Nos avisaron de que, a veces, las baterías se descargaban de manera fulminante en aquel lugar. Durante un momento de la investigación, en plena noche, colocamos varios sensores de proximidad en diferentes lugares del hotel. Previamente, a estos sensores les habíamos instalado pilas nuevas, recién sacadas de su blíster, para ir sobre seguro. Colocamos el primero, hicimos una prueba, y funcionaba correctamente. Colocamos un segundo con el mismo resultado. Al instalar el tercero, saltó la sorpresa. No reaccionaba ante ningún movimiento, por lo que llegué a pensar que estaba averiado. Le colocamos otra pila nueva y el aparato actuaba con total normalidad, de modo que creímos que aquella pila podía estar defectuosa. Pero al situarlo, de nuevo, en el mismo lugar, dejó de funcionar otra vez. Instalamos una tercera pila, lo dejamos en otro sitio apartado del que estuvo las dos primeras veces, y funcionó durante toda la noche. No tenía sentido lo que había pasado.

También durante otras escapadas me he llegado a quedar sin pilas en la grabadora o sin batería en la cámara de video, y aunque he de reconocer que en alguna ocasión puede haber sido un despiste, no siempre ha sido ese el motivo. Ciertos investigadores apuntan a que la causa paranormal podría necesitar de la energía acumulada para manifestarse. Es una teoría muy interesante que quiero que abordemos con calma, ya que nos puede ayudar a comprender muchos de los fenómenos. Que existe algo que absorbe, intensifica y altera la energía es un hecho, lo difícil es averiguar el porqué.

LOS FENÓMENOS SENSORIALES

Lo que nos permite interactuar con el entorno son nuestros sentidos. Sin ellos no podríamos saber si algo está frío o quema, si una comida es sabrosa o no, que se nos acerca un vehículo por el ruido de su motor, o reconocer el olor de nuestra colonia favorita. Nuestros sentidos son los traductores que nos permiten entender todo lo que nos rodea y actuar en consecuencia, por lo que sin ellos esta interacción no sería posible.

Sin embargo, a veces nuestros sentidos nos revelan cosas para las que quizá no estemos preparados. Es probable que tenga constancia de que ciertos animales son capaces de prever desastres naturales, hasta el punto de buscar un lugar seguro tiempo antes de que ocurran. Imágenes en las que los perros se inquietan y alteran minutos antes de la llegada de un terremoto o tsunami. También muchas especies tienen capacidades sensoriales que escapan a las nuestras. Las aves rapaces poseen una vista prodigiosa, los canes un gran olfato, los felinos y otros depredadores nocturnos una excelente visión en la oscuridad.

La raza humana decidió en su día dar por hecho que sus sentidos son limitados. Es cierto que, si los comparamos con otras especies animales, llegan a ser bastante mediocres. Pero el haber aceptado esa limitación siempre me ha parecido un triste error. ¿Qué puertas hemos cerrado cuando hemos asimilado que la racionalidad es más importante que nuestros sentidos? Tal vez ninguna, o puede que muchas. Las creencias ancestrales en los espíritus, los dioses, la sanación espiritual y las realidades alternativas podrían tener su base en los sentidos y capacidades que las antiguas civilizaciones podrían haber poseído. A lo mejor fueron épocas en las que la espiritualidad era tan importante que los sentidos se potenciaban, y en aquellas condiciones podrían surgir curanderos, adivinos, rastreadores de aguas subterráneas, chamanes, toda clase de personas que, sin la formación científica que hoy parece exigirse para casi cualquier asunto, realizaban tareas extraordinarias guiadas en ocasiones por su propia intuición.

Precisamente, hoy en día, la intuición de una persona se suele relacionar con la inteligencia. Creer que va a ocurrir algo, anticiparse a un hecho, o realizar una tarea de una forma distinta a la convencional, por el propio convencimiento de un mejor resultado, se ven como síntomas de un superior desarrollo mental. Se nos ha olvidado que la intuición también puede ser un instinto que está dormido, pero quizá no ausente. Si en un texto anterior hablábamos sobre las capacidades extraordinarias que algunas personas pueden tener, la intuición puede ser otro rasgo que define a esas personas que parecen tener una sensibilidad distinta y especial con su entorno. No es mi intención introducirnos en el laberíntico mundo del esoterismo, y no lo haremos, pero por más que se quieran separar ciertos temas, al final acaban teniendo una cuerda que los une.

Y ahora centrémonos en esos fenómenos sensoriales. Puede que haya sensaciones que solo cierto grupo de personas puedan percibir, pero otras se manifiestan de forma clara, a veces descarada, ante cualquiera. Y esto es muy interesante, porque algunas alteraciones inexplicables de nuestro entorno sí son medibles, o al menos captables. He tratado de clasificar el conjunto de estos fenómenos en cuatro grupos: ambientales, olfativos, sonoros y visuales.

AMBIENTALES

Empecemos por aquellos que provocan un cambio brusco en la atmósfera. Hay veces en las que, durante una investigación, podemos sentir una bajada significativa de la temperatura ambiente. Este fenómeno suele estar asociado a una manifestación, una presencia que podría estar tratando de hacerse notar, o al menos es lo que sostienen muchos parapsicólogos. A este descenso repentino de la temperatura ambiental se le suele llamar «termogénesis». La termogénesis etimológicamente es la regulación y variación de nuestra temperatura corporal, pero ha adoptado un significado adicional para intentar dar nombre a estas variaciones del entorno. Y aunque, estrictamente hablando, el significado de esa palabra es «creación de calor», en estos términos se refiere especialmente a lo contrario, la pérdida de este. Es cierto que ha habido casos en los que el cambio de temperatura registrado ha sido en positivo, es decir, un aumento, pero parece ser que en su mayoría se trata de descensos muy pronunciados y que no corresponden con la evolución normal del entorno. Medir estos cambios ambientales y llevar un registro de ellos es relativamente sencillo. Y puede ser de gran utilidad, porque observando estos fenómenos podemos intentar establecer una relación entre la termogénesis y otros eventos de índole paranormal que puedan producirse en el mismo momento.

Olfativos

También podemos llegar a sentir olores que no se corresponden con el lugar en el que nos encontremos. Hace algún tiempo, entrevistamos a una mujer que nos relataba cómo, desde la muerte de su padre, en ocasiones sentía un olor embriagador y muy familiar. Era el olor de la colonia que él solía usar mezclado con el de su tabaco favorito. Curiosamente, ese efecto se producía durante unos segundos justo en la habitación donde su padre falleció, repitiéndose en el tiempo, hasta que paulatinamente acabó desapareciendo. Esto nos hace pensar que quizá, al partir, dejamos una esencia, algo reconocible para nuestros seres queridos, con la finalidad de que sepan que les recordamos. O puede ser simplemente nuestro propio subconsciente, ya que no es complicado recordar o identificar un olor, por lo que, en un estado anímico poco propicio, podemos llegar a revivir mentalmente lo que más relacionamos con aquello que estamos echando de menos. Pero, y esto es muy a tener en cuenta, cuando vivimos la experiencia de sentir un olor fuera de lugar, algo que es reconocible pero sin relación aparente con el lugar en el que estemos, y si somos varias personas las que a la vez lo experimentamos, podríamos afirmar de una forma más objetiva que ese fenómeno olfativo se ha producido y no ha sido producto de nuestra imaginación.

Sonoros

A diferencia de las psicofonías que —como explicaba en su capítulo correspondiente— no son sonidos audibles en el momento en el que se producen, sino que quedan registrados en una grabadora, también podemos llegar a oír voces y otros sonidos de procedencia desconocida, pero en estos casos de forma directa y natural. A estos fenómenos se les conoce como mimofonías, y, siempre según mis propias vivencias, parecen ser el fenómeno sensorial más común.

Personalmente, he tenido la fortuna de vivir varias situaciones en las que una mimofonía ha sido protagonista. Mi experiencia en la investigación que el equipo de *Cuarto Milenio* realizó, en conjunto con Córdoba Misteriosa, en la Facultad de Derecho de Córdoba es de las que no se olvidan. Entre otros tantos sucesos extraños, aquel sábado 21 de febrero de 2015 y a pleno día, los investigadores del programa televisivo, Clara Tahoces y Javier Pérez Campos, y yo nos encontrábamos en la zona donde se ubica la biblioteca de dicha facultad, cuando, en mitad de una conversación a tres bandas, surgía de la nada lo que parecía un lamento de mujer. Era tan cercano, tan sonoro, que yo, que en ese justo momento estaba hablando, enmudecí. Aquel quejido femenino volvió a oírse por segunda vez y cuando nos quedamos en silencio aquella voz también lo hizo. No volvimos a oírla. Coja por un momento su teléfono móvil, quiero mostrarle qué fue lo que pasó. Lo oiremos repetido en tres ocasiones (Cod. 6-1).

Cod. 6-1

Como ha podido comprobar por los comentarios expresados, los presentes escuchamos aquellos dos lamentos a la perfección. Fue una suerte que se tratara de una grabación sonora, y no en video, porque puedo asegurarle que mi cara debió ser un poema en ese momento, así lo atestigua mi voz sorprendida y nerviosa (soy quien habla al principio y al final del corte). Pero tengamos en cuenta que las mimofonías, cuando se producen, duran apenas un momento y luego se evaporan, por lo que si queremos captarlas, es providencial tener a mano una grabadora funcionando en todo momento. En este caso, en concreto, fue puro azar, ya que lo que yo pretendía grabar era mi conversación con los demás investigadores; pero esa idea fue la que marcó la diferencia y nos permitió dejar registrado aquel fenómeno auditivo.

Aunque no son solo voces, abundan testimonios acerca de portazos, golpes fuertes donde no se ha caído nada, pasos que no pertenecen a nadie, sonido de campanas... Estos fenómenos auditivos que tratan de imitar un hecho sonoro de otro tiempo son conocidos como «raps». Toda una amalgama de sonidos que bien podrían ser naturales, con el pequeño inconveniente de que no tienen un origen físico conocido. Más adelante ahondaremos en este tema, porque le aseguro que es una de las experiencias más excitantes que se pueden vivir durante una investigación. Y, al fin y al cabo, la emoción es otra de tantas manos que nos empujan a adentrarnos en lo desconocido.

VISUALES

Aquellos que captamos con nuestra vista. No me refiero a los movimientos de objetos ya existentes que describíamos anteriormente, sino a algo mucho más inquietante: lo que, de forma más o menos clara, se materializa ante nuestros ojos. Y en la cima de este fenómeno, las apariciones fantasmales. Siluetas humanas, estáticas o en movimiento, a veces tan materiales que parecen ser una persona normal, y otras, translúcidas, etéreas. Casi siempre esporádicas. Presten atención a la fotografía que se muestra a continuación.

Considerada la primera fotografía realizada a un fantasma, conocida como «La Mujer Marrón».

Se tiene por la primera fotografía real realizada a un fantasma. Fue tomada en 1936 en Raynham, un pueblo de Inglaterra. Como toda casa encantada que se precie, pesaba sobre aquel caserón una leyenda según la cual habría fallecido en su interior una mujer en extrañas circunstancias. Los rumores sobre la aparición de su espíritu se convirtieron, con el tiempo, en la comidilla de aquel pueblo; pero el supuesto fantasma fue captado por dos fotógrafos que acudieron al lugar con la intención de hacer un reportaje fotográfico para una revista. Según se cuenta, expertos en fotografía dictaminaron que esta imagen no estaba manipulada en modo alguno, por lo que se le dio una total veracidad. Sin embargo, y debo ser honesto con todo lo que pretendo transmitir, no he podido encontrar documentación alguna que acredite que aquella foto no fue un fraude, por lo que no estoy en condiciones de dar un veredicto. Aun así, me pareció interesante rescatar esta vieja fotografía, porque fue el pistoletazo de salida para que muchos investigadores y curiosos comenzaran a experimentar con sus cámaras con la intención de captar estas escurridizas entidades.

También debemos encuadrar en este apartado los famosos «orbes», esferas luminosas normalmente en movimiento. Un fenómeno muy complejo, ya que en pocas ocasiones es visible de forma natural, sí en nuestras cámaras fotográficas y de video. La captura y el análisis de estos orbes es muy complicadoo, pero con ayuda de los grandes expertos, que han tenido a bien colaborar con la documentación de este libro, aprenderemos cómo conseguirlo.

Ahora sabemos que, durante nuestra experiencia, hay un sinfín de circunstancias que no siguen el patrón de lo aceptado. Esto nos ayudará a interiorizar una actitud más observadora, siempre alerta, un desarrollo mayor de nuestra perspicacia que puede marcar la diferencia en nuestro objetivo. Aunque aún nos queda algo por conocer. No podía faltar la introducción a uno de los fenómenos más conocidos y polémicos en la historia de la España paranormal. Hablemos sobre las teleplastias.

TELEPLASTIAS: LIENZOS IMPROVISADOS

Pocas personas desconocerán el fenómeno de las Caras de Bélmez. Los ríos de tinta que han corrido acerca de lo acontecido el verano de 1971 en una humilde casa del pueblo de Bélmez de la Moraleda, en la provincia de Jaén, España. Sin ánimo de repetir por enésima vez lo que se cuenta desde hace más de cuatro décadas, cierta mañana, María Gómez Cámara, la dueña de aquella vivienda, salía de la misma aterrorizada y diciendo a sus vecinos que en la cocina habían aparecido unas manchas que parecían caras. En poco tiempo, esos rostros plasmados de forma caprichosa en paredes y suelo eran el foco de periódicos locales, más adelante se harían eco los medios nacionales; y, en los años posteriores, se convirtió en un lugar de peregrinaje obligado para todo parapsicólogo, investigador, curioso o periodista.

El caso es que aquellas caras superaban lo que podríamos considerar una pareidolia, un efecto visual que nos hace creer que estamos viendo otra cosa que no tiene que ver con la realidad. Durante años han surgido tanto defensores como detractores del fenómeno; llegando, incluso, a realizar análisis de su composición. Pero todavía no se ha zanjado el tema. De ahí que decidiera hacer una escapada a aquel tranquilo pueblo de Sierra Mágina y tratar de saciar mi curiosidad.

En agosto de 2016 me hospedé durante algunos días en Bélmez de la Moraleda con la intención de encontrar algo nuevo sobre el fenómeno de las Caras. Rápidamente caí en la cuenta de que había una arista de esta historia a la que apenas se prestaba atención: durante años, ese pueblecito fue el centro de atención a nivel casi mundial, pero pocos fueron los que consideraron que sus habitantes podrían tener algo que decir. Así que, a falta de medios mejores, me decidí no solo a conocer de cerca el fenómeno, sino a hablar con la gente y obtener una nueva visión de lo ocurrido.

No era difícil darse cuenta de que las Caras eran el orgullo del pueblo. El Centro de Interpretación de las Caras de Bélmez, que en el año 2013 inauguró el Ayuntamiento, era una declaración de intenciones. Pero en los habitantes más veteranos aún residía un recuerdo que conectaba el fenómeno con una realidad todavía más aplastante. Apenas subía por una calle llamada «Cuesta de las Caras», me encontré con un amable anciano de 92 años y pensé que podría ayudarme. Le pregunté acerca de las Caras, pero su testimonio rompió mis expectativas. Sirva la siguiente transcripción acerca de lo que me contó:

«Las Caras están ahí arriba. Yo vivo justo en esa casa (señala una vivienda en la parte alta de la cuesta)*, y mi casa era antiguamente un colegio, que después de la guerra se convirtió en una cárcel para represaliados. Hay unos túneles que conectan con otras casas de alrededor. Cuando ocurrió lo de las Caras, Franco intentó taparlo todo, vinieron unos militares a llevarse al alcalde y le pidieron que dijera a todos que era un fraude.*

Pero lo que no saben muchos es que, en una ocasión, cuando aún había presos en la que es mi casa, una vez vinieron militares pagando por tirotear a estos reclusos. Querían practicar el tiro al pichón con ellos. Los vecinos nos negamos a que se hiciera algo así, y conseguimos que se marcharan. Ya no sé si en otra ocasión hubiera podido ocurrir.

Y además, la iglesia estaba antes justo al lado de la actual (la actual está al principio de la cuesta)*, estaba en muy mal estado y después de gastarse mucho dinero en arreglarla para nada la tiraron e hicieron la nueva. Pues no os hacéis una idea de la cantidad de huesos que sacaron de fosas que había en la iglesia y los alrededores. Yo creo que Franco quería tapar todo esto, y no las Caras. Lo pasamos muy mal todos aquellos años, como podéis imaginaros».*

Calle Cuesta de las Caras, en la localidad de Bélmez de la Moraleda, provincia de Jaén.

Se ha relacionado este fenómeno paranormal con el hallazgo de restos óseos en la propia vivienda, víctimas de la guerra o de la explotación en el burdel en el que dicen que se convirtió aquella casa durante un tiempo. Pero se centró tanto la atención en unos cuantos metros cuadrados que no muchos vieron lo que había alrededor. A veces hay que alejarse un poco del objetivo, tener una visión más panorámica, para poder de nuevo acercarse con más precisión. ¿Pudieron aparecer las Caras como consecuencia de la consciencia colectiva? ¿Fue quizá el fruto de la frustración, el miedo y el desánimo de la población de aquella época? En cualquier caso, me pareció muy interesante saber qué otros hechos funestos habían ocurrido en la zona que rodeaba el centro del fenómeno. Quizá piense que son datos que no guardan relación entre sí, y puede que tenga razón, eso lo decidirá solo usted; pero a veces omitimos cierta información porque no nos parece relevante y, por más criterio que creamos tener, podemos llegar a perder una oportunidad de oro para darle un nuevo enfoque al fenómeno que estemos estudiando.

Después de aquella enriquecedora charla con esta persona, me dirigí a conocer la casa en cuestión. Allí pude contemplar lo que cuando era apenas un crío veía en las revistas que tanto me fascinaban. No quedaban muchas de aquellas Caras que se fotografiaron hace años, y las aún existentes habían cambiado; pero, sin duda, la evocación de aquel suceso era muy potente. Miguel, el nieto de María Gómez, hizo de cicerón en aquella visita, y mostraba cada detalle de las Caras con mucho orgullo. Mi presencia allí fue meramente testimonial. Fue gratificante poder tocar con mis manos algo que años atrás había impulsado de manera colosal el interés por los fenómenos paranormales, mi gran pasión. Lamentablemente, el fenómeno de las telepastias no es fácil de investigar.

Hablamos de rostros, siluetas humanas y otras figuras que aparecen de forma espontánea y, en ocasiones, perduran en el tiempo, como el caso que acabamos de relatar. Es como si algo tratara de unir su realidad con la nuestra de una forma casi artística, dibujando sus pensamientos como nosotros no lo haríamos, transmitiendo mensajes y sentimientos que pudieran ser de una época pasada, o una dimensión que somos incapaces de percibir, pero que bien podría estar aquí mismo.

El autor observando una cara original preservada
actualmente en la misma casa en la que apareció.

Tengamos en cuenta que esas misteriosas formas que surgen en los lugares más insospechados pueden aparecer de una
infinidad de maneras. En muchas ocasiones, su explicación es
más mundana de lo que quizá desearíamos. Lo más eficiente
para investigar una teleplastia es un análisis de laboratorio que
desgrane el compuesto químico que ha impregnado aquella
pared, techo o suelo, y así conocer si puede tener un origen
natural, lo ha podido pintar alguien o, realmente, no tiene
explicación. Pero estos análisis no son económicos precisamente. Sí que se realizaron algunos sobre las Caras de Bélmez,
y estos, para colmo, han sido siempre contradictorios. También
la observación extendida en el tiempo puede ayudarnos a comprender esas formas y dictaminar si pudieron ser producto de
una gran casualidad, pero desgraciadamente no solemos disponer de esa capacidad de dedicación. Aun así, estoy seguro de
que a partir de ahora observará con mayor detenimiento cada
mancha de humedad u hollín que encuentre en el lugar que
esté investigando. Un factor más a sumar en nuestro trabajo.

Cara conocida como «La Pava», preservada en
la misma casa en la que apareció.

Considero que toda la información expuesta hasta este
momento nos ha servido para definir y entender con relativa
claridad los fenómenos a los que nos vamos a enfrentar. Si bien
dentro de lo llamado paranormal, o lo que cabe encontrar en
la parapsicología, hay cientos de sucesos, circunstancias y eventos que no hemos tratado, estos quedarán excluidos de esta
obra, o aparecerán de forma meramente testimonial. Nuestra
intención, recuérdelo, es tratar de investigar los fenómenos que
nos rodean y pueden tocar más de cerca; y, dentro de estos, los
que nos permiten ser observados y entendidos con nuestras
herramientas materiales y mentales.

Es el momento de calzarnos unas zapatillas cómodas, ropa
holgada, y una mochila donde quepa todo nuestro equipo,
y también nuestras metas e ilusiones, y emprender el apasionante camino hacia la investigación y experimentación de
lo extraño. Justo en este punto es donde nuestros caminos
se han entrecruzado y hemos querido coincidir. Ahora miro
atrás y veo aquellas otras intersecciones que he encontrado,

donde intercambié experiencias con las personas que en ellas me esperaban, tan enriquecedoras que son parte de mi propio criterio, mentalidad y voluntad. Ahora soy yo quien quiero hacerle ese regalo que a mí tantos me han hecho, porque es justo. Sentémonos, quiero explicarle cómo nos vamos a acercar al Misterio de una forma que no todo el mundo comparte, aunando nuestra creatividad, curiosidad y honestidad.

CAPÍTULO VII

SER UN INVESTIGADOR DE FENÓMENOS PARANORMALES

¿POR QUÉ QUEREMOS INVESTIGAR?

No se trata de una pregunta retórica, ni superficial. Los grandes descubrimientos de la historia no fueron llevados a cabo por personas que estaban jugando a un juego. Tampoco los pequeños. Cada paso al frente siempre ha sido un gesto heroico impulsado por una gran fuerza de voluntad. Por lo tanto, la pretensión de adentrarnos en el conocimiento de lo desconocido debe romper la barrera de la simple curiosidad, el «a ver qué pasa» y, por supuesto, el morbo.

No pretendo afirmar que debemos tomarnos cada investigación, experiencia o experimentación como algo tan importante en nuestra vida que requiera que nos vaciemos del todo. Es más, es contraproducente. Muchos de los grandes investigadores que hemos conocido en otras líneas necesitaron un paréntesis en su carrera, dejar a un lado temporalmente lo que estaban haciendo, porque en algún momento sintieron que estaban rozando la obsesión. En definitiva, no debemos convertir esto en el eje de nuestra vida. Tampoco tenerlo como un juego de parchís que sacamos del cajón de vez en cuando y luego lo olvidamos durante un tiempo. Claro que no podemos dedicar todo nuestro tiempo, y en ocasiones disponemos de muy poco. Eso sí, hay una clave innegable en este asunto: la constancia.

Marcello Bacci, el gran transcomunicador, tardó años en obtener sus sorprendentes resultados. Friedrich Jürgenson tuvo etapas en las que no conseguía obtener psicofonía alguna. Muy pocos se toparon con lo imposible nada más empezar. De modo que, si realmente queremos zambullirnos en el estudio de lo inexplicable, necesitaremos cierta constancia y fuerza de voluntad. Es posible que, en algún caso, solo podamos experimentar un par de horas al mes, pero créame si le digo que es suficiente si se convence de que realmente está persiguiendo un objetivo mayor que el de satisfacer su propia curiosidad. En estos temas, es más eficiente la investigación espaciada en el tiempo, pero constante, que empezar a trabajar en ella y en poco tiempo acabar perdiendo el arrojo con el que se comenzó.

Otra clave primordial es la paciencia. Puede llegar a ser desesperante la búsqueda y la espera de algún resultado positivo en nuestra investigación. La impaciencia nos lleva, a corto plazo, a cometer errores e, incluso, a dar por buenos resultados que no lo son y nos van a perjudicar; y a largo plazo a acabar tirando la toalla. Es posible que pasen meses hasta que obtengamos algo. Debo confesarle que llevo años tratando de obtener psicofonías. Deben ser cientos de horas grabadas, escuchadas y vueltas a escuchar, y las que he obtenido han llegado con el tiempo y se cuentan con los dedos de las manos, pero cada una de ellas me ha ido compensando el esfuerzo y la espera, porque era por lo que yo luchaba. Por favor, no se impaciente si las veinte primeras veces en las que intenta grabar psicofonías no lo consigue; si de verdad se lo propone, llegarán. También he de decirle que para algunos investigadores los resultados fueron, prácticamente, inmediatos. Esto no es una ciencia (al menos por el momento), por lo que no podemos controlar cuándo va a ocurrir. Por favor, le insisto en que no se desanime.

Pero el principal aspecto al que debemos prestar atención es a nuestro propio temor. Si hay una frase que los investigadores de fenómenos extraños han repetido hasta la saciedad, es que nuestro mayor peligro somos nosotros mismos. Sentir miedo, inseguridad o inquietud es lo más natural del mundo, son instintos que nos acompañan desde el inicio de los tiempos, y tienen gran parte de la culpa de que hayamos llegado a este punto de nuestra propia evolución. Pero nuestro propio miedo, bien gestionado, es una gran herramienta para que nuestros pasos sean más firmes en todos los aspectos de nuestra vida; y, cómo no, también en este en particular.

Hemos de ser honestos y recordar que, a pesar de lo que podamos ver en películas de terror o leer en relatos fantásticos, no existe constancia de que un fenómeno paranormal haya acabado con la vida de nadie. La piedrecita en el zapato puede ser nuestra propia mente. Si nos dejamos invadir por los miedos sobre lo que pueda ocurrir durante una investigación, estamos desenfundando un puñal con el que nos podemos herir a nosotros mismos. El único consejo que puedo darle, en este aspecto, es que tome cada paso que dé con prudencia, cierta lejanía y objetividad. No se deje llevar por el temor que pueda llegar a producirle el hecho de grabar una aterradora psicofonía o si en su televisor aparece un rostro que le mira de forma amenazante. Ese hecho no va a pasar de ahí y de ninguna manera nos va a herir físicamente. De nuestra salud y entereza mental debemos encargarnos nosotros mismos.

En resumidas cuentas, es nuestro rigor, constancia, paciencia y fortaleza mental lo que va a seguir asfaltando nuestro camino. Queremos que ese sendero nos conduzca hacia el conocimiento de una serie de sucesos que se repiten en el tiempo, y rompen de tal manera con lo establecido que nos apasionan y queremos saber más. Es un bonito objetivo, que además puede tener la capacidad de gratificarnos en muchos aspectos. Porque en nuestro camino, y esto no lo dude, también vamos a conocer a grandes personas que nos aportarán su granito de arena y pondrán un peldaño más en nuestra escalera hacia el Misterio. Y esta es una recompensa personal realmente maravillosa.

Seguramente, en estos momentos, le está asaltando una duda. Quiere investigar, o al menos conocer el trabajo de otros investigadores, y después decidir, pero quizá piensa que puede no llegar a conseguirlo o que acabe pareciendo una simple afición. ¿Podemos llegar a ser serios y rigurosos en nuestro estudio sin tener estudios concretos sobre ello? ¿Ha oído alguna vez a alguien definirse a sí mismo como parapsicólogo? Pues debo contarle algo que espero ponga ciertos conceptos en el lugar que les corresponde. Es de justicia aclarar que, a veces, la diferencia entre lo *amateur* y lo profesional no es ni mucho menos un abismo.

EL PARAPSICÓLOGO

Algo muy habitual en el mundo del Misterio es preguntarse si existen estudios oficiales o una carrera universitaria de Parapsicología. Y, paradójicamente, en la mayoría de las ocasiones la respuesta que se brinda es errónea.

Empecemos por el principio. Los primeros estudios racionales y con afán de divulgación sobre los fenómenos paranormales los encontramos en 1882, a raíz de la fundación de la Society for Psychical Research (Sociedad para la Investigación Psíquica) a manos de William Barret y Jules Romanes, con la intención de estudiar materias que la ciencia parecía desatender, tales como el hipnotismo, el factor psíquico del ser humano y otras cuestiones. Pero enseguida, el campo se amplió a todos aquellos fenómenos que no tienen explicación según los protocolos convencionales de investigación; en ese momento, aparece el término «Parapsicología». El prefijo «para-», de por sí, nos indica que la pretensión es estudiar los fenómenos inexplicables teóricamente asociados con la psique humana.

Intuición, adivinación, precognición, telepatía, hipnosis, telekinesis y otros hechos fronterizos iban a ser abordados por todo tipo de expertos. Pero también los fenómenos paranormales que ahora usted y yo queremos experimentar. Con el tiempo, surgieron cátedras de Parapsicología, como la establecida en la Universidad de Utrech, centrada sobre todo en la hipnosis y la telepatía. Otras universidades como la de Edimburgo o Duke seguirían el mismo camino. Incluso en España, en 1976, se incluyó esta disciplina en el programa de estudios de la Universidad Autónoma de Madrid, convirtiéndose Ramos Perera, director en aquel entonces de la Sociedad Española de Parapsicología, en el primer profesor en impartir esta asignatura.

Pero, ¿por qué todo queda en la impartición de cátedras o programas de investigación universitarios? El principal escollo lo encontramos en que la Parapsicología no es una ciencia. Todo lo que se estudia no tiene un estándar de análisis que permita establecer métodos globales para su observación y divulgación. Es considerada una pseudociencia, término que, aunque es etimológicamente correcto, en los últimos tiempos se ha utilizado de forma despectiva para atacar a aquellos que se toman muy en serio sus investigaciones. Resumiendo, en el estado en el que se encuentra esta disciplina no reúne los requisitos necesarios para considerarla adecuada para la formación académica, y el desinterés de muchos y el ataque frontal que recibe de otros tantos tampoco ayuda demasiado.

¿Tenemos que estudiar para ser investigadores de fenómenos paranormales? Rotundamente, no. Sí es muy positivo y necesario documentarse de la mejor manera posible. Por suerte, esta era digital nos ofrece un acceso sin precedentes a gran cantidad de información. Si sabemos elegir cuál es la adecuada, va a ser de gran ayuda para nosotros. Pero no se desanime pensando que otros tengan más conocimientos que usted, eso no es un hándicap. Al contrario, la mejor actitud es la de compartir nuestra propia experiencia y conseguir una retroalimentación que nos permita avanzar. Le digo más, adjudicarse el título de parapsicólogo exclusivamente con otros fines menos honestos, buscando fama, o notoriedad, sin aportar nada, es algo de lo que debemos huir. No nos interesa. Porque esas actitudes que ciertas personas han tenido son, en parte, culpables de que no sean muchas personas las que se tomen en serio todo lo referente a la investigación paranormal. Debemos ser diferentes, cristalinos. Tenemos derecho a equivocarnos, y lo haremos con relativa constancia en nuestra experimentación, pero nuestros fallos nos enseñarán mucho si queremos aprender de ellos. Y el error de utilizar la investigación con intenciones egoístas nos debe enseñar que eso no hace ningún bien a nadie, y a la larga ni siquiera beneficia a quien ha pervertido la investigación.

También existen cursos, en su mayoría de pago, en los que, posteriormente, se obtiene un diploma, pero en la mayoría de los casos, si nos fijamos en su contenido, puede que acaben por no aportarnos nada, salvo un papel con un sello. Un secreto: los mejores investigadores, aquellos que han aportado mucho al Misterio, y lo siguen haciendo, ni siquiera se definen como parapsicólogos. Son profesores de universidad, técnicos en Telecomunicación, agentes de la autoridad, médicos, astrónomos, científicos, psicólogos, empresarios, empleados de banca, y no acabaríamos. Personas tan apasionadas y seguras de lo que hacen que alimentan nuestra ilusión por ser los próximos. Y usted, ¿a qué se dedica? Pues bienvenida, bienvenido, a esta gran familia en la que hay de todo, menos exclusividad.

Nuestro objetivo puede ser el de conseguir unos resultados que atraigan la atención de los científicos, tal como ocurrió en aquella explosión tecnológica que relatábamos. Si seguimos un método serio y honesto, tenga por seguro que el interés llegará. ¿Cuál es ese método? Abordémoslo.

EL MÉTODO CIENTÍFICO

Mucho se habla de que la Parapsicología no es una ciencia, decirlo es correcto y ya lo hemos explicado. Pero esto no excluye el hecho de recurrir a métodos científicos para nuestra investigación. Numerosos escépticos se escudan en que una investigación no tiene validez alguna porque no se puede aplicar el método científico, pero sí que se puede. De hecho, no existe un solo método científico, sino multitud de ellos. Cada rama de la ciencia tiene el suyo. En la mayoría de los casos, un método determinado no sirve más que para un objetivo concreto y no es aplicable a otros.

Entonces, ¿cuál puede ser nuestro método científico? Muy simple: el que nos permita albergar la sospecha de que hemos captado algo inexplicable. Si cuidamos cada paso en nuestra investigación, lo documentamos pertinentemente y lo difundimos de una manera adecuada, puede llegar el momento en el que parte de la comunidad científica fije su vista en lo que hemos conseguido, y a partir de ahí todo cambiará. En la práctica, no es complejo llevar a cabo un registro de lo que hacemos y cómo lo realizamos. Para cada fenómeno que estudiemos puede haber un método. Aunque yo le explique a continuación los que procuro utilizar, y los que usan otros, descubrirá que usted también puede crear su propio método.

Ya tenemos nuestro perfil de un investigador de fenómenos paranormales. A modo de síntesis, usted ya lo es, y lo es porque desea adentrarse en el conocimiento de lo extraño. Es consciente de que no existe titulación académica que le haga pensar que es menos, y puede investigar con el derecho a equivocarse y la certeza de estar haciendo lo que realmente quiere. Comenzamos la caza del fenómeno.

CAPÍTULO VIII

GRABACIÓN Y ANÁLISIS DE LA PSICOFONÍA

MÁS QUE UNA CURIOSIDAD

Nos encontramos ahora en un momento crítico de nuestro aprendizaje. Si bien hemos dedicado diversos capítulos al conocimiento de los fenómenos paranormales que, con paciencia, vamos a poder vivir o captar durante una investigación de estas características, ahora es cuando vamos a aprender a enfrentarlos, registrarlos, reaccionar ante ellos, analizarlos y publicar, posteriormente, lo obtenido.

En este punto, ahora mismo deben habérsele pasado por la cabeza tres posibles cuestiones. La primera, si usted experimenta habitualmente, es que ciertos conceptos y métodos ya le serán familiares, y mi esperanza es que encuentre a continuación nuevas ideas que enriquezcan sus investigaciones. La segunda es que haya adquirido este manual con la intención de comenzar a llevar a la práctica lo que tanto le llama la atención y ser capaz de captar fenómenos paranormales. Si es este el caso, me siento muy agradecido de haber sido elegido para acompañarle en sus primeros pasos. La tercera es que ni siquiera se esté planteando pulsar el botón de grabar para intentar obtener una psicofonía, porque el simple hecho de pensarlo le aterra. Lo entiendo, nos enfrentamos a algo totalmente desconocido y cada individuo reaccionará de una manera distinta. Corremos el inminente riesgo de grabar con nuestros aparatos una voz de procedencia desconocida que puede transmitir un mensaje horrible. Pero, si este es su caso, quisiera pedirle que siga adelante con la lectura, porque es la información y el conocimiento lo que acaba derribando mitos. Le aseguro que jamás una psicofonía ha matado a nadie, aunque ciertas leyendas urbanas hayan extendido rumores que indiquen lo contrario. Como en todos los aspectos de la vida, nuestros miedos nacen cuando pensamos en lo que puede pasar y no en lo que ya ha ocurrido. A veces, esos miedos cierran puertas tan maravillosas como es la antesala del Misterio. Simplemente siga leyendo, conozca cómo lo han hecho otros y más adelante tome una decisión.

Por más que me esfuerce en explicar esta cuestión, no me siento capaz de exportar la idea con tan solo unas palabras. De manera que trataré de ser más claro y explicativo con un ejemplo. Pero no uno cualquiera, ni un símil, sino «el ejemplo». Un suceso que dio sentido a mi esfuerzo, mis horas invertidas, mis divagaciones acerca de las psicofonías, su procedencia y su razón de existir. Lo que ocurrió solo una vez, al menos de momento, y me mostró que estaba pateando el camino correcto, el que yo quería pisar. Y lo más importante, el hecho concreto que empequeñeció mi curiosidad en aras de un objetivo aún mayor: dar sentido a lo que hago.

EL CASO PERFECTO I: NO ME VOY

Sin duda, uno de los detonantes para que mi afán por investigar lo desconocido trascendiera el simple interés o el divertimento, fue el hecho de empezar a trabajar con la empresa

Córdoba Misteriosa. Gracias a este giro del destino, he tenido la posibilidad de crecer en lo profesional y en lo personal en el ámbito que más me apasiona. Además de las rutas de Misterio y otras actividades, hemos colaborado habitualmente con equipos de investigación tan conocidos a nivel nacional como el programa de televisión *Cuarto Milenio* o el Grupo Hepta. Y también hemos tenido la ocasión de realizar nuestras propias investigaciones, normalmente solicitadas por personas que, por cualquier motivo, se encuentran en un momento de desasosiego producido por los fenómenos extraños que acontecen en su vivienda. Y así comienza este caso.

El 18 de noviembre de 2014 recibíamos un correo electrónico solicitando nuestra ayuda para esclarecer los hechos inexplicables que parecen acontecer en un domicilio particular. La principal testigo, una mujer llamada Marian Reyes, nos aseguraba que en su hogar ocurrían cosas que no entendía. Todo comenzó poco tiempo después de que la familia se mudara allí. En un principio eran fenómenos sutiles, que casi pasaban desapercibidos. Pero la actividad poco a poco fue aumentando y Marian comenzó a ver extrañas luces que aparecían en el pasillo, objetos descolgarse literalmente de la pared y otros acontecimientos. También, con relativa frecuencia, escuchaba unos pasos que casi se arrastraban por el pasillo. Eran pasos cortos, que, según nos decía, parecían los de un niño pequeño que cojeara o tuviera un problema de movilidad. Un día empezó a percibir algo en la lejanía. Era un susurro muy débil, tanto que apenas lo entendía. Conforme pasaba el tiempo esa voz fue acercándose a ella cada vez más hasta que, en un momento de esta historia, fue tan clara y entendible que pareciera que quien hablaba estuviese a su lado. Pertenecía a una niña, una cría que Marian no veía, pero con la que llegaba a mantener conversaciones.

Ese día concerté una cita con ella en su propio domicilio. Eran alrededor de las 20:00 horas. Desde el principio noté que, independientemente de si los fenómenos eran reales o no, era algo que le estaba afectando mucho. Me relató con pelos y señales cada episodio que había vivido en su propio hogar. No era la primera vez que, durante una entrevista, nos relataban algo similar, pero, en aquel momento, ella me estaba transmitiendo cuál era su realidad y yo sentí que debía actuar en consecuencia.

Me llamaba poderosamente la atención un detalle: respecto a aquella voz de niña que de forma habitual escuchaba, ofrecía datos tan concretos que parecían imposibles. Me contó que aquella supuesta entidad decía llamarse «Pili» o «Pilita», diminutivo con el que prefería que la llamasen. Esta inteligencia, que en adelante llamaremos Pili, se correspondía con la voz de una niña de corta edad que tosía constantemente, transmitiendo una sensación de ahogo o como si padeciera algún problema respiratorio. También manifestaba tener sangre en la nariz y la boca. La voz fantasmal solía ir acompañada por un característico olor a polvo, escombros, como huele una construcción, o un derribo. Y, siempre según afirmaba la testigo del caso, era habitual sentir escalofríos e incluso bajadas bruscas de temperatura que precedían a aquella voz fantasmal.

Analicemos la situación: de ser cierto, estábamos ante un caso en el que se conjuntaban muchos de los fenómenos físicos y sensoriales que hemos estudiado con anterioridad. Movimiento y caída de objetos, luces y reflejos inexplicables, sonidos y voces sin dueño, percepción de olores que no se corresponden con el lugar y termogénesis. Si esto no fuera suficiente, la información que Marian aportaba sobre sus conversaciones con aquella niña espectral era tan concreta que parecía imposible.

En un momento de la entrevista le propuse realizar una sesión de grabación de psicofonías. En parte, también intentaba satisfacer mi propia curiosidad. Pero pensé que si tratábamos de obtener la voz de aquella niña, aunque al final no lo consiguiéramos, Marian se sentiría más arropada y apoyada, al menos a mí me hubiera gustado, de estar en su lugar. Fue una sesión tan corta, apenas diez minutos, como intensa. Mi grabadora se encontraba apoyada sobre la mesa del salón, mientras la testigo y yo tratábamos de concentrarnos en el silencio. No se escuchaba un ruido, la calle estaba tan silenciosa que poco antes habían pasado dos personas a pie y escuchamos sus pasos. Poco después de haber comenzado, Marian se estremeció abrumada y con voz temblorosa me dijo: «*Pili está aquí. Me está diciendo que no se va»*. Curiosamente, su pequeña perrita, que en todo momento había estado recostada tranquilamente en el sofá, comenzó a alterarse y gruñir en todas direcciones, como si un desconocido acabase de entrar en aquella estancia. Comenzamos a hacer preguntas con la esperanza de que alguna de ellas provocase una respuesta que quedase registrada en mi grabadora. Pero lo cierto es que, salvo ese episodio de nerviosismo colectivo, no ocurrió nada relevante en todo el tiempo. Una vez abandoné el domicilio, con la promesa de comunicar a Marian cualquier posible psicofonía que hubiéramos captado, informé a mi compañero José Manuel y ahí quedó todo.

Unos días después, me hallaba en mi estudio escuchando aquella conversación que había tenido con la testigo cuando recordé que en un momento concreto habíamos tratado de obtener voces. Localicé el punto exacto en el que guardamos silencio. Me ajusté los auriculares, comencé a escuchar con atención y, de pronto, surgió. Un escalofrío recorrió mi cuerpo, una mezcla perfecta de sorpresa e incredulidad. Justo en aquel momento en el que Marian afirmaba que la niña estaba allí, enfadada, y diciendo enérgicamente que no se iba a ir, y su perrita se puso nerviosa, asomaba una voz lejana, pero cercana a la vez. Una niña, interrumpida en parte por el gruñido de la perra, vociferaba dejando un mensaje que cambiaría para siempre mi concepto acerca de las psicofonías. Ante mi pregunta sobre si la entidad quería que me marchase de la casa, aquella chiquita respondía con un tono cantarín y desafiante, como a los niños les gusta hacer: *«He dicho que (…) ¡no me voy!»*. Por favor, lea el siguiente código con su terminal móvil y escuche con mucha atención. Percibirá que antes y después del gruñido animal, la voz de la niña se abre paso dejando claras sus intenciones. Lo repetiremos tres veces (Cod. 8-1).

Cod. 8-1

No daba crédito a lo que estaba pasando. Es más, llegué a autoconvencerme de que aquella grabación fue producto de un cúmulo de casualidades en el que, justo en aquel preciso momento, cuando hablábamos sobre una niña que decía que no se iba, otra niña en un lugar lejano, que no oímos en aquel momento, estaba diciendo lo mismo. Pero era imposible. De haber sido así, lo habríamos escuchado perfectamente. Llegué a dejar durante un par de días esa grabación en el olvido, pensando en las diferentes explicaciones, e incluso pregunté a Marian si en el bloque vivían niños, con resultado negativo. Pero al final, me rendí a la evidencia. Recuerdo que me costó horrores contactar con José Manuel, que precisamente en ese momento se hallaba inmerso en otra interesante investigación. Cuando pude comunicarme con él, le pedí que revisara su correo electrónico y escuchase lo que le había enviado, y acto seguido me llamara. Estoy seguro de que él sintió tanta emoción como yo ante ese hecho, pero esto no iba a acabar aquí. Habíamos captado la voz de una niña, coincidiendo así con lo que la testigo nos contaba que le sucedía. Esa voz pronunciaba de una forma clara e inequívoca que no se iba, suponemos de la vivienda. Tal y como Marian me decía que escuchaba decirle en ese momento. La pareidolia quedaba completamente descartada en este caso, no había duda. En lo que sí estuvimos de acuerdo todo el equipo es en que, con semejante resultado, había que profundizar en la investigación. Y eso hicimos. Lo que no esperábamos es que esto iba a ser solo el principio de la que quizá sea la investigación más completa a la que nos hemos enfrentado, por eso he decidido llamarla «el caso perfecto». Seguro que querrá saber qué ocurrió después y, por supuesto, se lo relataré, pero dentro de su contexto, porque este caso reúne tantos elementos importantes que es el mejor ejemplo que le podría brindar. Pronto conoceremos más detalles.

Lo importante de este relato es, ¿cómo llegamos a obtener esta psicofonía? ¿De qué forma la analizamos hasta el punto de estar seguros de que no es ninguna voz natural? ¿Qué hacer con ella después de haberla captado y analizado? Este es el momento ideal, aprendamos cómo captar psicofonías.

ELIGIENDO Y CONOCIENDO NUESTRO EQUIPO

Antes de nada, quisiera lanzar la idea de que convertirse en investigador no requiere un gran esfuerzo económico inicial. Si bien con el tiempo podemos mejorar la calidad de los equipos que utilizamos, con una equipación básica vamos a ser capaces de desarrollar nuestro trabajo. Dicho esto, en este apartado vamos a centrarnos en la grabación y posterior análisis del fenómeno de las psicofonías. Para ello, tan solo necesitamos un aparato capaz de grabar sonido y un ordenador con el que analizar los posibles resultados.

Ya hemos aprendido que una psicofonía puede ser grabada con cualquier soporte que registre sonido, de modo que, a priori, cualquier aparato nos puede servir. En pleno desarrollo de este manual, alguien me preguntó si era posible captar voces imposibles con el teléfono móvil; lo aclararé en este punto. Partamos de que es muy importante que nos familiaricemos con la grabadora que vamos a utilizar. Recuerde que las primeras psicofonías surgieron de aquel primitivo gramófono de Edison y, desde entonces, ha habido resultados en todos los modelos existentes hasta la actualidad.

En cuanto a la disponibilidad, actualmente en el mercado vamos a encontrar grabadoras de diferentes calidades, aunque todas digitales. También analógicas, como los magnetófonos, las de cinta de casete o microcasete, y derivadas. Sé que muchos investigadores eligen el método tradicional, la grabación analógica magnética, pero a efectos prácticos puede no ser una buena opción.

Me apasionan los aparatos electrónicos antiguos. De ahí que posea diversos magnetófonos de bobina abierta, así como grabadoras de casete, aunque por el simple gusto de tenerlos. Esto me ha permitido durante mi experimentación utilizar estos aparatos obsoletos. Aunque es perfectamente posible su utilización para obtener psicofonías, técnicamente no son los más adecuados para nuestro propósito. Los pioneros en la investigación de psicofonías utilizaban estos aparatos solo porque era lo que había disponible en aquel momento. Pero la tecnología avanza y es bueno aprovechar esa evolución. Las antiguas grabadoras tienen algunas limitaciones muy a tener en cuenta. La principal es que son aparatos mecánicos, y los motores de arrastre y, en general su funcionamiento, provocan ruidos inevitables que pueden llegar a confundirnos, además de requerir un mantenimiento constante para su correcta utilización. Además, son más sensibles a las interferencias electromagnéticas. Aquel gol de Messi registrado en una grabadora me lo dejó meridianamente claro. Y una tercera desventaja, igual de importante que las anteriores, es que para que una grabación sea analizada es necesario hacerlo con un ordenador, lo que supone digitalizar el sonido de la cinta. Este paso intermedio de conversión de sonido de analógico a digital va a restar calidad a lo registrado.

Arriba, magnetófono de bobina abierta. Abajo, de izquierda a derecha, grabadora de cinta de casete, grabadora digital y grabadora de minicasete o de reportero.

En conclusión, mi consejo es utilizar una grabadora digital. Son mucho menos aparatosas, la durabilidad de las baterías (siempre que los fenómenos energéticos no acaben con ellas) es mucho mayor y en el análisis por computador divisaremos con exactitud lo que nuestro equipo ha grabado.

Como en todo, existen diferentes gamas de grabadoras en función de su calidad y funcionalidad. Podríamos establecer tres grupos:

— DOMÉSTICAS. También llamadas grabadoras de reportero. Suelen ser de bolsillo y las más económicas cuestan entre 30 y 60 euros, aproximadamente. Suelen utilizarse para grabar notas de voz, entrevistas que luego son transcritas y otros propósitos. Como ventaja, tienen una autonomía de varias horas con apenas un par de pilas. Pero entre sus desventajas encontramos que: el micrófono que incorporan es muy básico y no tiene capacidad de registrar frecuencias sonoras que otros sí, y el sonido no es de muy buena calidad, ya que es grabado en un formato de audio comprimido, perdiéndose así muchos matices en el registro. Para hacernos una idea, este tipo de grabadoras tienen un rendimiento y calidad similares, e incluso inferiores, a realizar grabaciones con un teléfono móvil actual, lo que conocemos como un *smartphone*, por lo que quizá no valga la pena adquirir una. Aun así, si ya la tiene, por supuesto que puede utilizarla para grabar psicofonías.

— SEMIPROFESIONALES. Siempre bajo mi humilde opinión, las más adecuadas. Se pueden adquirir por entre 100 y 150 euros, y el salto de calidad es muy interesante. Suelen equipar dos micrófonos que ayudan a captar un mayor rango de sonidos, y dichos micrófonos son de mayor calidad y fiabilidad. Otra ventaja es la calidad del audio que se graba, ya que admiten formato WAV en diferentes configuraciones. Para hacernos una idea, la calidad del sonido en ese formato es similar a la de un CD de música, mientras que la de las grabadoras domésticas se asemeja al formato MP3, que se oye bien, pero ni mucho menos igual que el WAV. Además, estas grabadoras también son de pequeñas dimensiones, ya que por lo general nos van a ocupar menos que una cámara de fotos, por ejemplo. La única desventaja resaltable es el precio; pero, si se lo puede permitir, a mi juicio es la mejor opción.

— PROFESIONALES. Su valor oscila entre los 300 y los 700 euros. No suelen ser portátiles y, en caso de serlo, tampoco son pequeñas. El principal problema es que su manejo es bastante complicado, ya que son muy configurables en diferentes parámetros y son necesarios conocimientos avanzados en la tecnología del sonido para utilizarlas correctamente.

Paralelamente a esto, también podemos utilizar un micrófono externo, ya que prácticamente todas las grabadoras del mercado admiten una entrada de micrófono. Pero no se lo aconsejo por varios motivos. Por un lado, la utilización de un micrófono en una grabadora doméstica no va a mejorar la calidad de la grabación. Por otro, consideremos que las grabadoras semiprofesionales equipan unos micrófonos con una calidad suficiente para nuestro objetivo. Y otro problema añadido es que el propio cable del micrófono es susceptible de empeorar la calidad del audio, y mal utilizado, o si es de mala calidad, propicia la intromisión de interferencias electromagnéticas. Antiguamente utilizar micrófonos era algo imprescindible, ya que los primeros magnetófonos no incorporaban uno; en el caso de las primeras grabadoras de casete, si lo tenían era de una calidad realmente pobre. Ahora, con la tecnología actual, considero totalmente innecesaria su utilización, y más teniendo en cuenta que las grabadoras son ligeras y pequeñas y pueden colocarse en cualquier lugar.

Ya hemos elegido nuestra grabadora. El siguiente paso natural es profundizar en su funcionamiento. Además de lo que el manual de instrucciones nos puede enseñar, debemos tener en cuenta otras cuestiones. Realizar grabaciones de prueba nos puede ser muy útil para evitar errores de interpretación posteriores. Así nos habituaremos al sonido resultante de la grabación, el ruido de fondo, la calidad del audio, etcétera. Quizá piense que algo así carece de importancia, pero en honor a la verdad he de decir que en mis primeras investigaciones me tenía a mí mismo como un auténtico fuera de serie grabando psicofonías, llegando a captar quince o veinte en apenas una hora. Pero, cuando decidí aplicar un método más técnico y riguroso, me di cuenta de que prácticamente todo lo registrado hasta entonces no eran más que pareidolias auditivas. Pisadas, sonidos lejanos perfectamente identificables, el propio viento. Un error de novato que me permitió dar un paso más hacia una correcta y satisfactoria investigación.

También es productivo familiarizarse con el manejo de las diversas opciones que una grabadora pueda tener. Reproducir, pausar, grabar, gestionar los archivos de grabación y otras funciones, es algo que ya debemos manejar con soltura antes de empezar a utilizarla con el fin de captar psicofonías. Y cuando ya tenemos control sobre su funcionamiento básico, podemos comenzar a grabar.

EL CONTROL DEL MEDIO DURANTE LA GRABACIÓN

Este es sin duda un momento muy sensible en toda investigación. Y es necesario tener en cuenta muchos factores, aunque se pueden agrupar en dos: el control técnico de la grabación y del sonido ambiental del lugar donde se va a realizar la sesión de grabación, y la preparación mental. En este apartado, nos ocuparemos del primer aspecto.

En primer lugar, debemos realizar una sesión de grabación de psicofonías en un lugar que esté lo más alejado posible de cualquier fuente de contaminación acústica, como puede ser una carretera o un bloque de viviendas. Si no es posible, debemos ser muy conscientes del ruido ambiente que nos rodea y anotar cualquier sonido natural que se produzca durante la grabación para no incurrir en errores durante el análisis. Más adelante, propondremos cuáles pueden ser los mejores enclaves para llevar a cabo una investigación, dependiendo de las circunstancias y los fenómenos que queremos captar. Disponer de una libreta en la que anotar estos datos, incluyendo el minuto y segundo que indica la grabadora y el tipo de sonido que se ha escuchado, nos va a facilitar el trabajo. También puede interrumpir momentáneamente el silencio dejando una nota de voz que describa que se ha escuchado un ruido que no hay que tener en cuenta. Y, casi sin darse cuenta, ya está aplicando el método científico. O, al menos, está reduciendo significativamente el margen de error.

Casi todas las grabadoras digitales disponen de la opción de configurar la sensibilidad del micrófono, que es la respuesta que este presenta ante el sonido, de modo que: si configuramos la grabadora con una sensibilidad alta, recogeremos sonidos más lejanos y los más cercanos se exagerarán, y si la sensibilidad es baja, recogerá sobre todo los sonidos más cercanos. Así que, por lógica, utilizar la sensibilidad alta en el micrófono solo es recomendable si nos encontramos en un entorno realmente silencioso y controlado, ya que en otro tipo de lugar sería tirar piedras sobre nuestro propio tejado. En el caso de las grabadoras semiprofesionales, el ajuste del volumen del micrófono es más preciso. Por ejemplo, en ambientes silenciosos suelo configurar un volumen de entre el 75 y el 80 por ciento. En lugares más ruidosos, un 50 o 60 por ciento reduce la posibilidad de que en nuestra grabación aparezcan sonidos indeseados y que nos lleven a confusión. En el caso de las grabadoras domésticas, lo habitual es que haya dos posiciones de volumen para el micrófono, que suelen ser HI (High, alto) o LO (Low, bajo).

Otra forma añadida para evitar ruidos indeseados es colocar, si es posible, un trípode a nuestra grabadora. Esto puede reducir un poco el sonido que se produce por la vibración de una superficie, como una mesa o el suelo.

Y en un nivel superior, se pueden llegar a utilizar cámaras anecoicas o jaulas de Faraday. En ocasiones, he encontrado en diferentes documentos o reportajes que se confunden ambos términos, pero son completamente diferentes. Cada uno tiene su función específica y totalmente distinta al otro.

La cámara anecoica tiene como finalidad aislar del sonido externo en la medida de lo posible. Un estudio de grabación tiene su cámara anecoica, lo que coloquialmente se conoce como «pecera». El material y el diseño de sus paredes, suelo y techo, está pensado para repeler cualquier ruido exterior, así como evitar que el sonido interno rebote y cree un efecto eco. Ciertos investigadores han utilizado una cámara anecoica para tratar de obtener psicofonías. De esta forma, aíslan la grabadora del ruido ambiental; pero los resultados han sido siempre muy escasos, por no decir casi inexistentes. ¿Significa esto que las psicofonías no son más que sonidos que hay en el ambiente? No puede ser tan sencillo. Y aunque todavía no es el momento para teorizar sobre cómo se producen, también existe la posibilidad de que estas voces paranormales necesiten un soporte sonoro para generarse.

La jaula de Faraday es una estructura metálica diseñada para impedir la entrada de interferencias electromagnéticas u ondas de radio. Hoy en día no resulta demasiado útil, ya que, como habíamos abordado anteriormente, las grabadoras modernas tienen una protección mayor frente a las interferencias. Otro problema añadido es que no existe una jaula de Faraday capaz de absorber todas las interferencias, porque cada rango de frecuencias que queremos eliminar requiere de un diseño concreto de jaula. Un ejemplo cotidiano del funcionamiento de una jaula de Faraday sería: imagínese que está usted hablando con su teléfono móvil y entra a un ascensor y no solo pierde la cobertura sino que llega incluso a interrumpirse la comunicación. Lo que ocurre es que la estructura metálica del propio elevador anula el campo electromagnético en el que se establece la transmisión del teléfono móvil. Pero quisiera insistir una vez más en que hoy en día quizá no compense la utilización de jaulas de Faraday en nuestra grabación de psicofonías.

También es beneficioso llevar un control del momento y lugar en el que se lleva a cabo la sesión de psicofonías. En mi caso, al iniciar una grabación, comento a viva voz la hora, fecha y lugar en el que nos encontramos y de esta manera, aunque pase mucho tiempo desde el experimento, siempre sabré dónde y cuándo se realizó. Otra opción es anotarlo todo en un cuaderno.

Pero lo más importante, sin duda alguna, es la capacidad de concentración de los presentes. El silencio es importante durante la experimentación. Evidentemente, hay ruidos inevitables, como una tos, un movimiento por un cambio de postura, una pisada, etcétera, pero deben reducirse al mínimo y, como comentábamos, tenerlos en cuenta en el análisis posterior.

Quizá estos consejos puedan ser una base suficiente para empezar la experimentación con psicofonías, aunque estoy completamente seguro de que, a partir de estos principios, encontrará su propia forma de mejorar el sistema con el que investigar. Y ahora conozcamos esa otra parte más controvertida, a veces olvidada, y no menos importante: el factor humano, la influencia del investigador en los resultados.

LA CANALIZACIÓN DEL FENÓMENO

Según me dicta mi propia experiencia, los resultados más sorprendentes y significativos en lo que respecta a la obtención de psicofonías han surgido de una intencionalidad manifiesta. Aquellos que se disponen a registrar sonidos inexplicables ya tienen una predisposición a conseguirlo, y aunque no podamos explicar el motivo, esta actitud suele influir positivamente en los resultados. No pretendo decir que se deba convertir en una obsesión insana, pero no me cabe duda de que si nuestra mentalidad se enfoca a querer conseguir un objetivo, ya hemos ganado una parte de lo necesario para tal fin.

Haciendo una revisión a vuelapluma de los casos en los que el fenómeno psicofónico se ha manifestado con mayor intensidad y claridad, encontramos que el propio experimentador tiene una estrecha relación con esas voces. Por ejemplo, Klaus Schreiber, quien ideó el método de retroalimentación en la psicoimagen, se introdujo en la investigación paranormal porque deseaba poderosamente oír una vez más la voz de su propia hija fallecida, y lo consiguió. También le ocurrió a Sinesio Darnell, que durante su experimentación preguntaba con frecuencia aspectos de ese otro mundo en el que podrían existir las inteligencias que proyectan estas voces, y su sincera curiosidad por conocer esa otra realidad le fue recompensada con creces. En una de sus habituales sesiones de grabación de psicofonías,

Sinesio preguntó a las voces cómo era el mundo del que procedían, y una voz femenina, con marcado deje catalán en el habla, y de una forma pausada y monótona, le respondía: «*Adimensional. Es adimensional*». Una vez más, escanee este código con su teléfono móvil y dispóngase a escucharla (Cod. 8-2).

Cod. 8-2

He querido incluir esta grabación porque es un claro ejemplo de lo que trato de explicar. Sinesio estaba presente durante la grabación, concentrado en obtener voces, y haciendo preguntas concretas que no casarían con cualquier respuesta. Le responde una voz con un acento catalán, como lo era Sinesio, y respondiendo con un enigmático adjetivo que seguramente en su mente científica tendría mucho sentido. Nunca hubiera conseguido un resultado tan espectacular de no ser por su propia intervención. ¿Significa esto que la psicofonía pudo haber sido producto de la acción involuntaria de su propia mente? ¿O, más bien, Sinesio hizo de canal de comunicación entre nuestra realidad y otra, una vez hubo reunido las condiciones técnicas, mentales y espirituales necesarias para conseguirlo? No es que exista una respuesta tajante a este respecto, sino que cada cual tiene la suya. Lo importante es no conformarse con la propia creencia en el fenómeno, sino adaptar nuestras teorías a lo que percibimos.

Por otro lado, otros experimentadores han dejado de obtener resultados coincidiendo con momentos en los que renegaban del fenómeno tratando de darle una explicación racional. Esto debe servir para recordarnos que el cómo experimentamos es muy importante, pero el por qué lo es aún más. Mi propia experiencia en el caso que relataba con anterioridad me dice que Marian, de alguna forma, había sido la transcriptora de una información que estaba ahí, oculta o descifrada, y que acabó siendo proyectada en mi grabadora.

Por tanto, aunque existan diversos métodos de grabación de psicofonías, incluso algunos que no requieren de la presencia física del experimentador, recomiendo que, cuando nos encontremos en ese proceso, toda nuestra fuerza, atención y concentración se vuelquen sobre el objetivo. No nos garantiza nada, pero tampoco debemos ignorar los resultados de quienes ya lo han logrado, y sí servirnos de ellos para avanzar aún más.

GRABANDO EN EL SILENCIO

Seguramente, el método de captación de psicofonías más utilizado y extendido es precisamente el más sencillo, poner nuestra grabadora en marcha y esperar con paciencia que, en ese silencio imperante, algo nos hable. Independientemente del lugar en el que nos encontremos, y teniendo en cuenta las consideraciones previas que acabamos de conocer, podemos estructurar la sesión psicofónica de diversas formas. El tiempo es un factor importante. Debemos interiorizar que la grabación de psicofonías requiere un significativo gasto de tiempo, no solo en su obtención sino también en su posterior análisis. En cuanto a la obtención de los registros, también acotaremos la duración de las sesiones de grabación a la situación.

En un próximo capítulo, vamos a conocer cómo crear un espacio personal para el estudio y análisis de los fenómenos paranormales. Un laboratorio propio, donde poder experimentar de una forma íntima. En este caso, la duración de las grabaciones solo dependerá del tiempo del que dispongamos nosotros mismos. Aun así, no es recomendable extender en el tiempo los registros sonoros; ya que, a la hora de analizar lo grabado, se nos puede hacer eterno. Considere que el fenómeno psicofónico, al igual que cualquier otro fenómeno de los descritos, es caprichoso y esquivo, hasta la fecha no sabemos ni su procedencia ni cómo provocar el fenómeno de forma controlada, así que grabar durante horas puede llegar a ser contraproducente y desalentador.

Cuando estamos realizando una grabación en un domicilio particular este tema se vuelve especialmente sensible. Por encima de todo, debe prevalecer que quien nos ha requerido lo ha hecho, con seguridad, por el desasosiego que le producen los supuestos fenómenos paranormales que allí acontecen. Aunque abordemos posteriormente esta faceta de la investigación, aconsejo reducir la sesión de grabación al mínimo posible, y siempre teniendo en cuenta el estado de ánimo de los dueños de la casa. Es importante saber cuándo parar. Y si hemos elegido una localización que nos ha llamado la atención, bien porque otros investigadores obtienen resultados, o porque nos haya llegado alguna información que apunte a ello, la duración de la grabación dependerá en parte de las condiciones del lugar en el que nos encontremos. En estos últimos tiempos, ha crecido el interés por investigar en lugares abandonados, en ruinas. Como cualquier otro lugar, esto puede tener sus ventajas y desventajas. Si es el caso, se debe pensar en primer lugar en la seguridad de los participantes, las condiciones meteorológicas y los incontables ruidos que pueden llegar a contaminar nuestra grabación. Mi recomendación en estas situaciones es realizar varias sesiones de grabación de corta duración, entre 5 y 10 minutos, y espaciadas en el tiempo. No es ninguna garantía, pero una reducción del tiempo de grabación nos permite controlar un poco mejor lo que sucede a nuestro alrededor.

Otros espacios habitualmente investigados son ciertos edificios oficiales que suelen contar con un pasado lúgubre y tormentoso, en los cuales varias teorías conectan con la aparición de fenómenos. He tenido la oportunidad de investigar en diversos edificios públicos. La ventaja es que, obteniendo la pertinente autorización, podemos realizar tantas sesiones de grabación de psicofonías como creamos preciso. Incluso tendremos la oportunidad de colocar nuestra grabadora en ciertos lugares sin supervisión, pues habremos podido comprobar previamente que son puntos silenciosos dentro del inmueble.

Cuando ya nos hallamos inmersos en la grabación, podemos actuar de varias formas. Una opción es simplemente mantenernos en silencio, sin perder en ningún momento la concentración sobre lo que estamos haciendo. También podemos hacer preguntas al aire, algo que recomiendo encarecidamente, porque el hecho de obtener una psicofonía que responda directamente a una pregunta realizada, o que se encuentre completamente dentro del contexto que investigamos, adquiere un gran valor; ya que desecha otras posibilidades como la casualidad, la pareidolia o las interferencias externas. Ayuda mucho el hecho de realizar preguntas que requieran una respuesta muy concreta. Si lanzamos como cuestión solicitar a la entidad comunicante que pronuncie su nombre, puede llevar a confusión ya que existen cientos de nombres y cualquier sonido involuntario puede parecerlo, solo por el hecho de que es lo que estamos esperando escuchar. Pero si, en cambio, realizamos una pregunta cuya respuesta sea concreta, como por ejemplo: «¿Cuántas monedas tengo en el bolsillo?», la respuesta va a ser un número determinado. Sé que se trata de una pregunta que tendría poco sentido durante una sesión de psicofonías, pero no olvidemos que en este manual nos centramos sobre todo en conocer los métodos para investigar, y este tipo de preguntas son las que nos harán a la postre obtener conclusiones más acertadas acerca del origen de las voces paranormales. ¿Y si, tras haber repasado esa grabación, aparece una psicofonía, justo después de aquella pregunta sobre el número de monedas, en la que una voz dice claramente ocho, y realmente esa era la cantidad? ¿No le parecería realmente impactante? A mí, desde luego que sí.

Otra opción es la de poner una grabadora en marcha y alejarnos del lugar. Es viable, pero la falta de control directo sobre nuestra parte aumenta las posibilidades de que se recojan sonidos que tomemos como paranormales, y quizá no lo sean. Sugiero, pues, que solo dejemos la grabadora en lugares en los que tengamos la completa certeza de que ningún ruido contaminará el audio. Dichos enclaves suelen ser escasos, aunque existen. En ocasiones, podemos llegar a investigar inmuebles en los que no haya nadie y el entorno esté completamente controlado. He tenido la oportunidad de participar en diversas investigaciones junto a mis compañeros de Córdoba Misteriosa y el equipo de investigación de *Cuarto Milenio*. Entre ellas, la realizada el día 11 de febrero de 2017 en la Facultad de Filosofía y Letras de Córdoba, un lugar lleno de historia y enigmas, con una estampa realmente singular y tétrica. En la misma, se realizaron pruebas psicofónicas diversas. Entre las 10 y las 12 de la noche, tres grabadoras se quedaron funcionando en lugares concretos de ese mágico edificio que se quedó vacío, con las luces apagadas y la alarma conectada durante todo ese tiempo. Fueron varios los resultados, algunos ya emitidos en radio y televisión, pero quisiera compartir algo inédito, un tramo de aquellas grabaciones que no llegó a publicarse, pero en mi opinión tiene una gran importancia.

Dejé una grabadora dentro de un aula, había cerrado la puerta y aislado todo previamente. Aquella grabadora, hacia las 11 de la noche, registró una serie de enigmáticos golpes similares a portazos, arrastrar de muebles, sonidos metálicos y otros. De fondo, un pitido que enseguida reconocí, era el sonido que emitía el armario de comunicaciones instalado al otro lado de aquella sala. Aquel leve pitido me sirvió como referencia para darme cuenta de que aquellos ruidos y golpes se produjeron muy cerca de la grabadora, tanto que, en algunos momentos, la grabación aparecía distorsionada, porque el sonido era tan fuerte que provocaba un mal funcionamiento de los micrófonos. Daba la sensación de que alguien había entrado abruptamente en aquella sala, empezara a mover cosas y luego se marchara, algo que no ocurrió físicamente, ya que al volver todo estaba en su sitio. Aquellos sonidos se registraron durante aproximadamente un minuto, y ya no se volvieron a escuchar. Paso a mostrarlos (Cod. 8-3). Estoy seguro de que este sonido le estremecerá tanto como a mí en aquel momento.

Cod. 8-3

Dada la cercanía de los golpes, y que la enorme Facultad estaba cerrada, esos sonidos no tenían explicación. Al no haber nadie presente en ese momento, no podemos afirmar si se trata de una psicofonía o una mimofonía; es decir, se podía haber escuchado en aquel momento. Pero ahí está el registro.

Hay otros métodos destinados a la obtención de psicofonías. Son menos utilizados, pero no por ello tienen que ser ineficaces. Solo se trata de añadir algún nuevo elemento a la técnica. Es bueno conocer algunos más.

EL RUIDO BLANCO

Una teoría que cobra fuerza en los últimos tiempos, acerca de la generación de la psicofonía, es que la causa paranormal podría necesitar de un soporte sonoro para manifestarse en forma de voz u otro tipo de sonido. El hecho de que tratar de captar estas voces en una cámara anecoica sea casi imposible, nos da a entender que se necesita este soporte. La teoría de la Spirit Box es que las entidades modifican el sonido ya existente, producto del escaneo continuo de la radio, para crear sus propios vocablos. Y así, infinidad de ejemplos.

Por lo tanto, no debe resultar extraña la utilización del ruido blanco en nuestros experimentos psicofónicos. Pero, ¿qué es el ruido blanco? Si enciende su receptor de radio y sintoniza en una frecuencia que no pertenece a ninguna emisión, va a escuchar un sonido constante similar a un soplido, el mismo que cuando en la televisión analógica no se captaba un canal y aparecía ese efecto nieve. La intención es brindar ese soporte sonoro para propiciar la aparición de las voces paranormales. Por establecer un símil explicativo, es como si quisiéramos pintar un cuadro y, para ello, nos facilitasen pinturas de todos los colores, para luego escoger los que deseamos utilizar y expresarnos con ellos.

A este ruido se le asocia el color blanco porque, al igual que la luz blanca es la suma de todos los colores, el ruido blanco es la suma de todas las frecuencias del sonido. También se puede generar ruido rosa, ruido azul, ruido violeta, etcétera, porque tanto la luz como el sonido son medibles en cuanto a su frecuencia. Por cierto, la luz será otro elemento adicional en algunos de nuestros experimentos, de modo que más tarde profundizaremos en ello. Respecto al sonido, aunque puede experimentar con el que prefiera, yo recomiendo empezar utilizando el ruido blanco; que, como hemos dicho, cubre todo el espectro de frecuencias que podemos oír.

¿De qué forma obtenemos ruido blanco? Tenemos varias opciones. Podemos utilizar una radio portátil y sintonizarla en un canal sin emisión, como mencionaba anteriormente. Es una forma sencilla, pero tiene el inconveniente de que, al estar utilizando un receptor, nos exponemos a la posibilidad de que alguna emisión o interferencia entre, momentáneamente, en la frecuencia que estamos utilizando, y aparezca un sonido que creamos inexplicable, pero en realidad pertenezca a esa cadena interferente.

Una opción más fiable es la de utilizar un programa para ordenador, o descargar una aplicación en nuestro móvil que genere ese ruido blanco. Existen multitud de aplicaciones gratuitas que lo hacen. De este modo, al ser una generación digital que nace en nuestro propio ordenador o teléfono, no hay posibilidad de sufrir esas indeseables interferencias. Curiosamente, ese ruido blanco es utilizado para alcanzar estados de relajación, o ayudar a dormir. No se sorprenda si entre esas aplicaciones se describe que esa es su función. Se trata del mismo ruido blanco que deseamos conseguir. En ambos casos, una rápida búsqueda con las palabras clave «generador de ruido blanco» nos permitirá encontrar el programa adecuado.

Una vez que ya tenemos la herramienta para generar el ruido blanco, podemos utilizarlo de dos maneras. Colocando el altavoz por el que emitimos ese ruido cerca de nuestra grabadora, aunque no demasiado, y a un volumen bajo (recordemos que este sonido debe ser un soporte secundario, no protagonista), para realizar la sesión de psicofonías de la misma manera que lo hacemos en silencio, o haciendo preguntas, con la diferencia de que tendremos ese sonido de fondo. Otra alternativa es conectar directamente la fuente de ruido blanco a la grabadora, mediante un cable. Así, los micrófonos de dicha grabadora están anulados, y lo que se está grabando es directamente el sonido que el generador de ruido blanco emite. Durante mi experimentación en este aspecto conseguí un curioso resultado que me gustaría compartir. En cierto momento opté por conectar una radio desintonizada directamente al ordenador y grabar el sonido resultante, de forma que mi voz no podía ser captada de ninguna manera. En un análisis posterior de lo registrado, observé que, entre el desapacible ruido que la radio había estado emitiendo, surgió una voz que parecía mencionar la palabra «habla». Es curioso, porque ese día enfoqué la experimentación a preguntar a las supuestas entidades cómo podría hablar con ellas. ¿Fue mi propia mente la que interfirió para provocar ese registro, o tal vez eran unas simples instrucciones por parte de alguna inteligencia desconocida? Puede escuchar aquella voz a continuación (Cod. 8-4).

Cod. 8-4

Otra variante consiste en utilizar grabaciones reales de personas, preferentemente en un idioma que desconocemos por completo, en lugar del ruido blanco. El fundamento es el mismo, dar un soporte que permita a las voces manifestarse. De una forma similar a la Spirit Box, los vocablos que para nosotros son ininteligibles (por este motivo se elige una voz en un idioma desconocido para nosotros) pueden llegar a ser modificados y convertirse en palabras que comprendemos y tratan de responder a nuestras preguntas. No obstante, es un método muy complejo y el riesgo de confundir una pareidolia auditiva con una psicofonía real es muy elevado. No recomiendo esta práctica, al menos no durante nuestras primeras experimentaciones. Guíese por su propia experiencia a la hora de decidir introducir nuevos métodos en su investigación.

Llegados aquí podríamos reforzar lo expuesto con un resumen de varios puntos del método que podemos seguir para obtener psicofonías en cualquier circunstancia:

— Las psicofonías son sonidos registrados en soportes de grabación y no audibles en el momento que se producen, sino en una reproducción posterior de lo grabado.

— Cualquier aparato capaz de captar sonido es válido para la obtención de estas voces, si bien las grabadoras digitales son la opción más fiable y práctica.

— Se necesita tener un control del ruido ambiental existente en el lugar en el que nos disponemos a grabar, y adecuar el volumen del micrófono interno de la grabadora en consecuencia.

— Es beneficioso adoptar una actitud de predisposición a la hora de grabar psicofonías, y concentrarse en el deseo de obtenerlas.

—La duración de nuestras grabaciones dependerá del lugar en el que nos encontremos y las circunstancias de ese momento.

—Podemos grabar en silencio, haciendo preguntas dirigidas a la causa paranormal, o, en entornos muy controlados, dejar la grabadora aislada.

—Podemos ayudarnos del ruido blanco como soporte sonoro para la obtención de las psicofonías.

Habiendo llevado a cabo todas estas pautas habremos conseguido un mínimo rigor en nuestra investigación de campo. Cierta seguridad en que no hemos captado sonidos indeseables que nos estropeen la grabación. Y con esto llega la segunda parte, no menos importante, que es el análisis de lo obtenido. Antes de empezar con ello, quítese de la cabeza la idea de que utilizar el ordenador para analizar sonidos es algo muy complicado. Solo tenemos que tener claros un par de conceptos y la práctica hará el resto.

EL ANÁLISIS DE LA GRABACIÓN

Después de haber realizado una sesión de grabación de psicofonías podemos tener la tentación de escuchar *in situ* lo que hemos registrado. Podemos hacerlo, aunque hay que tener en cuenta que el altavoz interno de las grabadoras por lo general ofrece poco volumen. También podemos ayudarnos conectando un altavoz externo para oír mejor y más claro, pero debemos tomar esto como una escucha preliminar.

Tras un análisis detallado utilizando un ordenador es cuando realmente podemos separar la paja del grano. Para esto, basta con tener un ordenador personal, ya sea de sobremesa o portátil, que no necesita ninguna característica especial ni una potencia específica. Sí debe tener una conexión USB que nos permita volcar el archivo de sonido almacenado en nuestra grabadora al disco duro del ordenador. Ahora solo debemos conectar la grabadora al ordenador y copiar el archivo o archivos de audio donde han quedado registradas las sesiones de psicofonías. Si durante la sesión ha utilizado una grabadora analógica como las descritas anteriormente, debe capturar el sonido en su ordenador. Se trata de conectar la salida de sonido de la grabadora al puerto de entrada de audio del ordenador, reproducir la cinta y grabarla con cualquier programa que permita el registro de sonido.

Para el análisis de audio existen multitud de programas, cada uno con sus propias características y funcionalidades. Por su simpleza, nosotros vamos a emplear el programa «Audacity». La ventaja de este programa es que es de descarga gratuita y completamente traducido al español. Lo puede descargar en la página web http://audacity.es. Una vez instalado, nos muestra su interfaz.

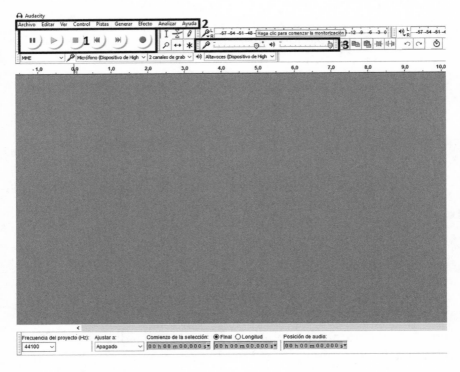

Interfaz del programa de edición de sonido Audacity.

Vamos a familiarizarnos con el entorno gráfico del programa. Aunque dispone de muchas opciones, nosotros nos centraremos en las que son esenciales para un análisis inicial de nuestra grabación. En el recuadro 1 tenemos el control de reproducción, con las opciones básicas de reproducción, pausa, *stop*, adelante y atrás. En el 2 el menú de opciones. Y en el recuadro 3 el control de volumen, tanto de entrada de sonido (símbolo del micrófono, no necesario de momento), como la salida.

Ahora abriremos el archivo de sonido que deseamos analizar. Para ello, en el menú hacemos clic en «Archivo» y en el menú desplegable en «Abrir...». Navegamos por nuestras carpetas hasta localizar el archivo que buscamos y haciendo doble clic en él lo abrimos. El resultado es una pista de audio que se muestra en la interfaz que hemos visto, con el espectro gráfico del sonido representado. Para explicar mejor este método, utilizaré la sesión de grabación de psicofonías en la que conseguí captar aquella voz infantil.

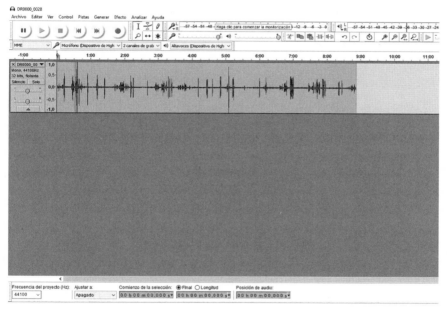

Espectrograma del archivo de sonido para su análisis.

Sobre la pista de audio aparece el tiempo de duración, en este caso en minutos. Podemos ampliar el espectro gráfico del sonido seleccionando en el menú «Ver» y «Ampliar». También lo disminuimos si en su lugar seleccionamos «Reducir». Para hacernos una idea, lo que estamos viendo representado es la potencia del sonido que se ha grabado. Cuanto más delgada sea la línea, más débil es. Los sonidos más fuertes se representan con esas otras líneas que crecen en ambas direcciones hasta casi ocupar la altura de la pista.

Ahora podemos empezar a escuchar con atención todo lo que hemos grabado durante la investigación. Recomiendo utilizar auriculares, es la mejor manera de minimizar las molestias que otros ruidos externos puedan ocasionar. Puede ocurrir que la sesión que hemos grabado tenga un volumen muy bajo, sobre todo cuando se graba en silencio. En ese caso, para poder escuchar mejor, podemos amplificar el sonido moderadamente. En el menú, seleccionamos «Efecto» seguido de «Amplificar». El programa por sí solo seleccionará la potencia máxima a la que se puede amplificar la pista sin saturarla; es decir, sin superar el umbral máximo de potencia, que de otro modo podría estropearnos la calidad de la grabación.

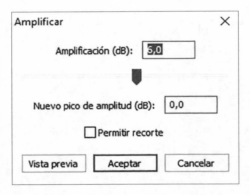

Menú de amplificación del sonido.

La potencia del sonido se mide en decibelios (dB). Debemos tener en cuenta que esta unidad de medida es exponencial, por lo que, por ejemplo, 20 decibelios no son el doble de 10 decibelios en cuanto a la potencia resultante, sino 10 veces más. Por eso, debemos ser muy cuidadosos a la hora de manipular los valores en decibelios en nuestra grabación, porque podemos acabar deformándola hasta tal punto que sea inaudible; o, aún peor, hayamos moldeado tanto el sonido que escuchemos voces donde no las hay. En la captura anterior, el propio programa muestra que la amplificación máxima sin saturación es de 6,0 dB. Recomiendo seleccionar aproximadamente la mitad de lo que el programa sugiere, será suficiente. Seleccionaríamos 3,0 dB para luego pulsar «Aceptar», sin modificar las demás opciones. Observará que la gráfica del sonido se hará más ancha. En mi ejemplo no necesité amplificación. Siempre que sea posible, desaconsejo hacerlo para la primera escucha. Insisto en que cuanto menos manipulemos la pista de audio, más fiables serán los resultados.

En este momento, en el control de reproducción pulsamos el botón del triángulo verde (*play* o reproducir) y ponemos todos nuestros sentidos en lo que estamos escuchando. Si en algún momento cree haber notado un sonido anómalo, algo que no debería estar ahí, no aparece en sus apuntes sobre ruidos ambientales que ya aprendimos a tomar, o no se corresponde con lo grabado, fíjese en el minuto y segundo exactos en que se oye y detenga la grabación. Con el puntero del ratón, pulse el botón izquierdo unos segundos antes de ese sonido extraño, y arrastre el ratón hacia la derecha hasta unos segundos después, y acto seguido suelte el botón del ratón. Comprobará que el tramo de la pista por el que ha pasado el puntero ahora está sombreado.

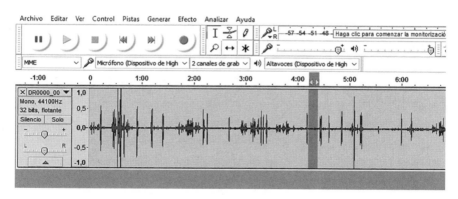

Selección de un tramo concreto de la pista de sonido, en sombreado.

Ahora puede reproducir cuantas veces necesite solo el momento seleccionado, pulsando el botón de reproducción.

Si, tras varias escuchas, sigue sin darle una explicación a lo que está oyendo, debemos pasar a un análisis más pormenorizado. Para ello, con el tramo aún seleccionado, pinchamos en «Archivo», «Exportar audio seleccionado», y en la ventana que se muestra ponemos un nombre de referencia para este corte de la grabación, elegimos en qué carpeta lo guardaremos y pulsamos «Aceptar». A continuación, para evitar confusiones, cerramos la pista de audio que tenemos abierta (clic en la X de la esquina superior izquierda de dicha pista) y abrimos el nuevo archivo de la misma forma que lo hicimos con el anterior.

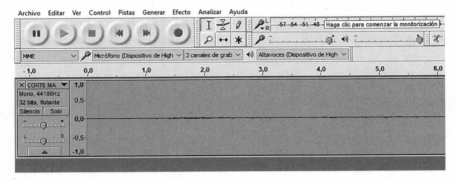

Espectrograma del tramo de sonido seleccionado,
apenas visible por el bajo volumen del audio.

Como se aprecia, la potencia de ese tramo en concreto es muy débil, por lo que en este caso sí se hace imprescindible amplificar para escuchar mejor. Lo hacemos tal y como hemos mostrado antes, siempre seleccionando menos decibelios del máximo que sugiere el programa. El resultado en mi caso sería el siguiente.

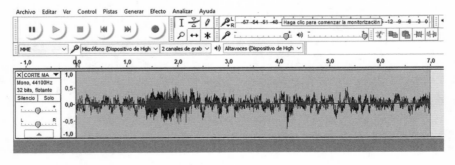

Espectrograma del sonido amplificado, con mayor potencia.

Ahora, con un volumen más alto, podemos apreciar mucho mejor lo que se ha grabado. En mi caso, apareció la lejana voz de aquella niña que aseguraba que no se iría. Esta psicofonía es tan clara que no necesitó de ningún tipo de manipulación en el sonido, apenas la amplifiqué un poco para escucharla de forma más clara. Pero estos casos son excepcionales. Aquellas psicofonías que no necesitan pasar por filtros de ruido, ecualizadores y otros parámetros son escasas, pero en mi opinión tienen un gran valor, ya que se escuchan tal como son. Sin embargo, es más habitual que las posibles inclusiones psicofónicas se encuentren envueltas en el ruido propio de una grabación. Si graba un momento en silencio y luego escucha lo grabado, notará que lo que se graba no es silencio, sino un ruido de fondo constante. Este ruido ambiental está en todas partes, y suele reducirse e incluso anularse en una cámara anecoica. Nosotros no lo percibimos porque, entre otras cosas, estamos acostumbrados a él. También lo provoca el propio funcionamiento de la grabadora. En nuestro análisis puede resultar útil reducir ese sonido, pero debemos tener mucho cuidado, porque una reducción de ruido inadecuada puede dar al traste con la grabación.

Para reducir el ruido del corte que estamos analizando, en el menú superior seleccionamos «Efecto» y «Reducción de ruido». Emerge una ventana con diferentes opciones.

Menú de reducción de ruido del programa
de edición de sonido Audacity.

El programa selecciona automáticamente la frecuencia que se puede considerar ruido en la grabación, por lo que pulsaremos la opción «Obtener perfil de ruido». Una vez hecho, volvemos a «Efecto» y «Reducción de ruido», y ya podemos aplicar el filtro correspondiente. Este es el momento más sensible. La reducción de ruido se mide en decibelios, y ya sabemos que 20 dB no es el doble de 10 dB. Si seleccionamos una reducción de ruido muy alta, por ejemplo 25 dB, con el botón «Vista previa» podremos escuchar el resultado. Comprobará que el sonido parece más limpio, pero no es fiel al original. Aparece un efecto acuoso, incluso chirriante. En ciertas ocasiones, he encontrado psicofonías publicadas a las que se les ha aplicado una reducción de ruido tal que, además de ser casi ininteligibles, hace que pierdan su valor como prueba psicofónica, ya que tal manipulación del sonido no nos ayuda a ser rigurosos; esto es muy importante. No queremos obtener una gran colección de psicofonías, sino que las que consigamos nos acerquen más a una teoría, una hipótesis y, como ya le propuse, atraigan la atención de otros con más conocimientos que aportar.

Volviendo a nuestra reducción de ruido, recomiendo que sea poco agresiva. Lo ideal es repetir dos o tres veces la reducción de ruido con un valor bajo. En la ventana correspondiente, en el parámetro «*Noise reduction*», seleccionamos 6 o 7 decibelios y pulsamos «Aceptar». Comprobamos si ahora se oye con más claridad. En caso contrario, repetimos el proceso. Recuerde que no es lo mismo aplicar tres veces una reducción de 6 dB que una vez una de 18. En el primer caso, la reducción es mucho más suave y respetuosa con el audio. En el ejemplo sobre el que estamos trabajando, he aplicado dos veces el filtro de reducción de ruido a 6 dB sin modificar los demás valores. Observe cómo la gráfica del sonido ha cambiado drásticamente.

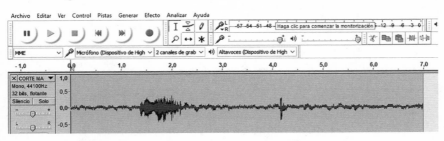

Reducción de ruido aplicada, donde se puede observar cómo resaltan los sonidos diferentes al ruido de fondo.

Ahora el ruido de fondo es mucho menor, y el sonido más claro. Este es el momento en el que usted decide si lo que ha obtenido puede ser una psicofonía o no. Si la voz que ha registrado y analizado en este momento es algo que realmente no debería estar ahí, lo ha conseguido. Al fin y al cabo, obtener estos resultados es lo que perseguimos.

Pero queda un último detalle a tener en cuenta en cuanto a la grabación. Existe una serie de normas no escritas que nos podrían ayudar a identificar si la voz de origen desconocido que hemos grabado es realmente una psicofonía. Esto no quiere decir que si nuestra grabación no cumple alguna de ellas, no lo sea, pero sí que hay ciertas características que la mayoría de las psicofonías suelen cumplir.

ATRIBUTOS E INTERPRETACIÓN DE LA PSICOFONÍA

Cuando tratamos de captar voces paranormales estamos intentando registrar sonidos que no son naturales, no podemos oír en ese preciso momento y, por tanto, se producen de una forma distinta a las que conocemos; por lo que puede haber ciertas señas de identidad que apunten a que lo que hemos grabado no es algo cotidiano. Repasemos algunas de esas características.

Es muy habitual que en una psicofonía aparezcan uno o varios golpes, generalmente secos. En ocasiones, estos golpes preceden a la psicofonía, a veces se escuchan justo después, y otras en mitad de la misma. La teoría que muchos sostienen es que estas voces paranormales necesitan un soporte sonoro, algo que ya hemos estudiado con anterioridad, y estos golpes (siempre que no se trate de sonidos que se han producido de forma natural y accidental en nuestra grabación) ayudan a la creación del mensaje. En la psicofonía que estamos analizando, como ejemplo, se aprecia un golpe en el momento en que aquella niña dice: «*¡No me voy!*»; y estoy completamente seguro de que ese golpe no fue escuchado en el momento en que la voz quedó registrada. Me ha ocurrido con otras psicofonías, pero repito que, aunque es algo muy normal, tampoco ocurre siempre.

Muchos sostienen que las voces paranormales carecen de ciertas características propias de la voz humana natural; y aunque considero que no tiene por qué ser exactamente así, sí es cierto que hay algunas diferencias.

Por un lado, se suele afirmar que las psicofonías carecen de golpe de glotis. ¿Por qué se asevera algo así? La glotis es parte de nuestro sistema de fonación, con el que producimos el sonido gracias al cual hablamos. Se cierra y abre según la necesidad del sonido que deseamos emitir, consiguiendo sonidos más potentes y redondos si se entrena su control. El resultado es un sonido que aparece muy rápido, fuerte desde el principio. Haga una pequeña prueba: trate de pronunciar la letra «A» muy rápido, se dará cuenta de que para soltar el sonido de forma repentina es necesario incluso un movimiento en el abdomen. La glotis es la que libera de repente el aire que ha acumulado justo antes de pronunciar la letra. Pues bien, ciertos investigadores sostienen que la ausencia de esos sonidos más fuertes y rápidos en las psicofonías se debe a la inexistencia del golpe de glotis. Por tanto, las voces paranormales no estarían generadas por gargantas humanas. Pero debemos ser cuidadosos en cuanto a esto, ya que todos podemos hablar sin utilizar el golpe de glotis; como, por ejemplo, cuando hablamos de forma pausada y relajada.

También es habitual la comparación entre la frecuencia de la voz humana y la de una psicofonía, aunque esto es mucho más complejo de lo que parece en un principio. Se dice que las psicofonías tienen un rango de frecuencias de sonido que no corresponde al de una voz natural, pero para estudiar esto con rigor es necesario un equipamiento profesional, ya que intervienen muchos factores. Por ejemplo, si grabamos nuestra voz con la grabadora, en un análisis de frecuencias, es probable que la resultante no sea la que deberíamos tener, porque intervienen la calidad de la propia grabadora o el micrófono, el ruido ambiental y otros factores que van sumados a la voz que hemos grabado. Así que, en nuestro manual, no incluiremos el estudio de las frecuencias de la voz como parte de un análisis.

Pero hay una característica que considero que podemos tener muy en cuenta. De forma natural, somos perfectamente capaces de distinguir si un sonido es más o menos lejano o cercano, pero en las psicofonías que he podido obtener a lo largo de mis investigaciones me ha resultado muy difícil calcular la distancia de aquella voz que estudiaba. Mi impresión al respecto es que parecen voces que surgen directamente de la nada, en un espacio que no se corresponde con el que conocemos, y son lanzadas al aire, o a nuestra grabadora. Muchas veces suenan como si estuviéramos escuchando la radio, con esa artificialidad que los aparatos electrónicos dan a la voz. Como si fuera un sonido prefabricado, grabado en un momento y lugar, y reproducido en otro totalmente distinto. No nos asegura nada, pero nos encontramos en busca de lo extraño y cualquier indicio de anomalía es muy importante. No lo pasemos por alto.

Una última prueba que puede resultarnos realmente útil es la interpretación del sonido. Siempre se dice que las psicofonías son interpretables, pero ¿qué queremos decir con ello? Sencillamente que en muchas ocasiones no todo el mundo escuchará lo mismo. Nuestro objetivo es conseguir captar voces claras, que son lo que se oye, sin ningún tipo de duda, pero esto no suele ocurrir en la mayoría de las ocasiones. Someter nuestra posible psicofonía al oído de varias personas nos hará saber hasta qué punto lo que hemos captado es lo que nosotros creemos. Se trata de mostrar a varias personas, por separado, esa grabación, repitiéndola cuantas veces sea necesario, y sin decirles previamente cuál es nuestra interpretación. En el caso de la psicofonía de aquella niña, hice este pequeño experimento con muchas personas, y el resultado es inequívoco, todas escuchaban exactamente lo mismo. Pero puede ocurrir que no sea así. Si esto ocurre, podemos decidir la calidad y claridad de la psicofonía en función al porcentaje de personas que coincidan en una misma interpretación. Si ese porcentaje es alto, supongamos más de la mitad, considero que es positivo, ya que la posibilidad de que se trate de una pareidolia se reduce significativamente. Si, por el contrario, no existe un mínimo consenso entre todos los que han escuchado nuestra psicofonía, quizá debamos plantearnos la posibilidad de que no lo sea, o volver a realizar el análisis que hemos aprendido desde el principio. La mejor actitud es ser honesto y compartir los resultados con todos aquellos a los que realmente les pueda interesar, solo así alcanzaremos una meta más alta.

Tómese este capítulo como lo que es, una serie de pautas iniciales con las que poder comenzar su investigación y experimentación en el campo de la psicofonía. He querido mostrarle mi metodología. A partir de este momento será su propia práctica la que le lleve a mejorar lo aprendido. La práctica le encaminará a controlar mejor sus equipos de grabación y los programas para el análisis. Y puede que con el tiempo cambie su grabadora por otra que se ajuste más a lo que, por su propia experiencia, necesita. No tenga miedo a equivocarse, un error bien gestionado conduce a un logro aún mayor, y déjese aconsejar por quienes considere que comparten su camino. También aconseje a aquellos que desean iniciarlo en base al que usted ya ha recorrido. Pero, ante todo, viva la investigación en todo momento, emociónese ante un resultado y piense positivamente en su origen y consecuencias. Tenga la paciencia por bandera y la recompensa será inmensa. Se lo prometo.

CAPÍTULO IX

LA SPIRIT BOX Y EL CONTACTO DIRECTO

DESTRIPANDO EL ARTILUGIO

La conocida como Spirit Box o Caja de Espíritus nos ofrece un nuevo campo en la investigación de los fenómenos paranormales. Al contrario de lo que ocurre con las psicofonías, este es un método que nos permitiría obtener voces extrañas a tiempo real, quizá respondiendo de inmediato a una pregunta formulada. Para no caer en la confusión y realizar un correcto uso del aparato debemos conocer su funcionamiento.

Recordará que en el capítulo correspondiente a este invento describíamos que se trata de una radio, pero con una peculiaridad, la de saltar de una frecuencia a otra en un intervalo de tiempo que nosotros mismos prefijamos. El resultado de esto es una amalgama de sonidos entrecortados que van desde el ruido blanco de una radio desintonizada hasta algún vocablo de un interlocutor, o un par de notas musicales de alguna canción. Además de esto, también genera un ruido blanco artificial continuo que se mezcla con el sonido del escaneo de la radio.

Y ahí se encuentra el problema al que nos debemos enfrentar: debido a la naturaleza de su funcionamiento, escucharemos constantemente palabras, normalmente cortas, perfectamente audibles y con un origen lógico y explicable, que es la propia emisora de radio. Si deseamos obtener una voz que responda, de una forma coherente, a nuestras preguntas, no podemos ponérselo fácil. No es conveniente realizar preguntas cuya respuesta pueda ser sí o no, porque probablemente lo vamos a escuchar sin que se trate de nada paranormal. Por ejemplo, no es aconsejable preguntar «¿estás aquí?», pero sí «¿cuál es mi nombre?». Busquemos cuestiones que sean de nuestro interés y cuya respuesta sea tan concreta que la posibilidad de que se trate de una pareidolia se diluya por sí sola.

Conozcamos la Spirit Box. Su referencia comercial es PSB7. Su precio de venta oscila entre los 70 y los 100 euros y es fácil encontrarla en páginas de venta en Internet. Se trata de una radio digital con funciones especiales. Dispone de varios botones y un display (Fig. 9-1).

Fotografía detalle de los botones de función de la PSB7.

Describamos la función de sus distintos botones:

— *SWEEP RATE*: es la velocidad con la que salta de una frecuencia a otra. Cuanto mayor es el valor, más tarda en cambiar. No es aconsejable utilizar un tiempo mayor a 200 milisegundos, porque en ese caso podemos llegar a escuchar en la radio palabras o frases enteras de interlocutores, haciendo imposible saber si lo que hemos escuchado es una emisora de radio o no.
— *BACKLIGHT*: activa o desactiva la retroiluminación de la pantalla, es decir, la luz de fondo. Para alargar la duración de las pilas es conveniente tener la pantalla apagada mientras no necesitemos verla.
— *SWEEP FWD*: inicia el escaneo de frecuencias en sentido ascendente y a la velocidad que hayamos seleccionado al usar el botón *SWEEP RATE*. Cuando llega a la frecuencia máxima de la banda, vuelve a la mínima y comienza a escanear de nuevo.
— *SWEEP REV*: similar al anterior, salvo que el escaneo es descendente, saltando a frecuencias de mayor a menor.
— VOL + y VOL -: configura el volumen del altavoz, al igual que una radio normal.
— AM/FM: cambia la banda de frecuencias entre AM y FM. En España, en la banda AM apenas emiten emisoras y, por sus características, dificulta la experimentación, por lo que la mejor opción para experimentar será seleccionar la banda FM.
— *POWER*: enciende o apaga la Spirit Box.

Hay que tener en cuenta que el volumen del altavoz interno de este aparato es muy bajo, por lo que para nuestra experimentación sería recomendable conectarle un altavoz externo para poder oír mejor.

Una vez se haya familiarizado con la Spirit Box puede comenzar a utilizarla. Su uso es muy sencillo y sus resultados muy polémicos. Le mostraré cómo utilizarla mediante una experiencia vivida durante cierta investigación que realicé con el equipo de Córdoba Misteriosa.

PRÁCTICA Y RESULTADOS

Acudimos a una casa en la que, según sus habitantes, ocurrían fenómenos paranormales de diversa índole. Además de otro tipo de pruebas, decidimos utilizar nuestra PSB7 para tratar de captar alguna voz. Nos sentamos en el salón y pusimos en marcha el aparato conectado a un altavoz externo, seleccionando la banda FM y la velocidad (*SWEEP RATE*) a 150 ms. Durante unos quince minutos realizamos preguntas, alternando entre los presentes, con la firme intención de escuchar una respuesta coherente a nuestras interpelaciones. Justo al lado del altavoz, colocamos una grabadora digital en marcha. Recordemos que si no registramos esta experimentación no tendremos grabados los supuestos resultados y no podremos analizarlos ni publicarlos; ya que la Spirit Box solo emite sonido, no lo graba.

En un momento pregunté a la supuesta entidad: «¿Puedes decir cuántas personas estamos aquí?». Apenas unos segundos después una voz relativamente clara, diferente a las que veníamos escuchando propias de las emisoras de radio, nos regalaba una respuesta. Parecía haber pronunciado la palabra «ocho». Reconozco que fue un momento emocionante, porque todos los que nos encontrábamos alrededor del altavoz lo oímos perfectamente, y nos causó tanta sorpresa como inquietud. Lea con su móvil el siguiente código, escuchará mi voz realizando esa pregunta y, poco después, la respuesta —«ocho»— repetida cuatro veces (Cod. 9-1).

Una vez pasada la sorpresa, tratamos de interpretar aquella respuesta. Lo cierto es que en aquel salón estábamos siete personas, por lo que no cuadraba la afirmación de aquella voz. Pero, de pronto, recordamos que sí había otra persona más en la vivienda, aunque no con nosotros en ese momento. De modo que en total, en ese lugar, éramos ocho personas. La voz había acertado, nos había dado una respuesta correcta y coherente con mi pregunta.

Cod. 9-1

¿Fue producto de una mera casualidad? ¿Algún locutor de radio había pronunciado justo la palabra «ocho» en el momento en que debía aparecer esa respuesta? ¿Es tan solo una pareidolia? ¿O quizá alguna entidad de origen desconocido, dotada de inteligencia, había transformado los sonidos emitidos a través del altavoz para manifestarse y satisfacer nuestra pregunta? Realmente no tengo una respuesta a ello, pero sí reconozco que tal cúmulo de casualidades no pueden ser eso, casualidades. No es descabellado pensar que había algo más, algo que no alcanzamos a comprender, tras aquella respuesta.

Retomando la investigación de Raúl López, él tuvo en cuenta en todo momento la problemática de este método de investigación, por la alta probabilidad de aparición de pareidolias auditivas que el aparato provoca. De modo que, durante su experimentación, se centró en realizar preguntas que requerían una respuesta muy concreta. De esa forma tan racional se encontró con el fenómeno.

Ya le aseguré que los resultados de este polifacético investigador, en el campo concreto de la Spirit Box, son los más impactantes y llamativos, teniendo el valor añadido de que realiza su investigación con mucho cuidado y rigor. Con la idea de encontrar una explicación técnica que disipase sus dudas, fue un paso más allá y sometió algunos de sus resultados al análisis de un experto en sonido. Los resultados no harían más que refrendar sus grabaciones; aquellas voces no tenían explicación posible.

Una de las voces paranormales analizadas es una respuesta a una pregunta muy concreta. Para ponernos en antecedentes, aquí puede ver en video el momento en el que Raúl López pregunta a las entidades si pueden decir el título de un libro que está sosteniendo en su mano —*Electronic Voices* (*Voces electrónicas*)—, a lo que, acto seguido, una voz le responde diciendo «Electronic» (Cod. 9-2).

Cod. 9-2

La importancia de este resultado no estaba solo en que respondía exactamente a una pregunta que no tenía otra respuesta posible, sino que, en el aspecto técnico, surgía de un modo que no concuerda con el funcionamiento normal de la PSB7. Esta singular radio salta de una frecuencia a otra de una forma constante, con lo que, en cada momento, se percibe un fragmento diferente al anterior. Por lo general, el sonido de una emisora se podría escuchar entre dos y tres saltos o ciclos, pero esta voz ocupaba ocho ciclos, por lo que carecía de una explicación técnica. En la siguiente imagen podemos observar el análisis por ordenador de esa voz que pronuncia la palabra «*electronic*», donde apreciamos que se alarga en el tiempo (observar los ciclos de la parte inferior de la gráfica).

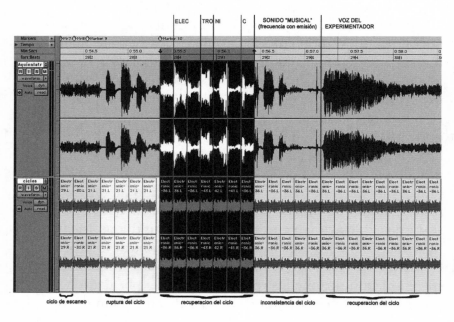

Análisis de la voz anómala que pronuncia la palabra «*electronic*».

El mencionado informe concluye que no se puede obtener ningún resultado acerca de si la voz es una pareidolia auditiva o algo realmente inexplicable. Más sorprendente sería otro de los análisis, en el que el investigador pregunta a las supuestas entidades en qué dimensión se encuentran y, de inmediato, una voz femenina afirma: «Aquí, en la tierra» (Cod. 9-3).

Cod. 9-3

Las conclusiones del análisis eran las siguientes:

—La aparición de la voz rompe el ciclo de funcionamiento de la Spirit Box, esto supone que altera el funcionamiento del aparato.
—El volumen de la voz analizada es mucho mayor que el de las emisoras de radio, lo que descarta que sea una emisión.
—La voz parece pertenecer a una misma persona, algo imposible de explicar debido a su duración.
—Es remarcable la correlación entre la pregunta y la respuesta (coherencia).

Por último, este análisis sentencia: «*En resumen, y siempre que haya entendido bien el proceso de grabación, quedaría descartado el hecho de que la frase que oímos provenga de las frecuencias escaneadas (en este caso se ceñiría sin duda al patrón de cortes de sonido en los ciclos, cosa que no ocurre). Tampoco es una "pareidolia auditiva" formada por ruidos y fragmentos de emisiones, en cuyo caso no existiría la sensación de ser una frase articulada por una única persona. Si fueran interferencias o "residuos" de emisiones que aparecen en frecuencias aledañas la frase variaría en intensidad y claridad*».

Ya lo ha comprobado. Este moderno ingenio nos puede deparar más de una sorpresa y, con una buena praxis, se puede convertir en una herramienta indispensable en la captura de aquellas voces que perseguimos, porque estamos convencidos de que son ellas las que tienen las respuestas que anhelamos saber.

CAPÍTULO X

LA OBSERVACIÓN DE LOS FENÓMENOS ESPONTÁNEOS

FOTOGRAFIANDO LO IMPOSIBLE

Ha llovido mucho desde aquella primera fotografía que se presentó como la prueba de una aparición. Una vez más, la tecnología abría una nueva línea de investigación para tratar de captar lo imposible a través del objetivo de una cámara. Infinidad de fotografías, la mayoría de ellas casuales, que parecen mostrar algo que jamás estuvo allí. Es lógico nuestro deseo de inmortalizar lo que perseguimos, y tener una imagen sobre un hecho inexplicable siempre estará en nuestra lista de tareas. Pero quiero proponerle algo distinto. ¿Ha percibido que una supuesta foto paranormal publicada termina por ser explicada en la mayoría de las ocasiones? ¿Alguna vez se ha encontrado con alguna imagen y de un primer vistazo ha sospechado que en realidad no es lo que nos están tratando de dar a entender? Y qué decir de todos aquellos simpáticos programas y aplicaciones que insertan, no con mucho acierto, un fantasma en una foto normal. Miles de fotos desenfocadas, con reflejos, con filtros de todo tipo, que más bien parecen reflejar la intención del autor de mostrar algo donde no lo hay. Si piensa que la investigación paranormal es lo bastante importante como para llevarla a cabo con respeto, este apartado también merece un tratamiento similar. Es algo en lo que pocos reparan, pero unas pequeñas nociones básicas sobre fotografía pueden sacarnos de dudas en muchos casos y, lo más importante, nos darán mayor seguridad al afirmar que hemos captado algo que podría ser inexplicable.

Para ahondar en la búsqueda de la fotografía paranormal contacté una vez más con el investigador Raúl López, quien tuvo a bien explicarme los principios básicos de funcionamiento de una cámara, así como consejos y trucos para tratar de captar imágenes. La conclusión a la que llegué fue que, de una forma rápida y sencilla, podemos entender qué hace y qué no hace nuestra cámara fotográfica; y así saber qué imagen es explicable y cuál no.

Existen algunos factores que pueden provocar la toma incorrecta de una fotografía, apareciendo diversos efectos luminosos y desenfoques. Dependiendo del tipo de cámara que usemos los ajustes serán más o menos precisos, pero hoy en día prácticamente cualquier cámara, sea compacta o réflex, o incluso la de un teléfono móvil de última generación, nos permite ajustar los parámetros básicos y prepararla para nuestra investigación.

Es aconsejable utilizar un trípode si decidimos hacer las pruebas en un lugar con poca iluminación. Esto se debe a que el tiempo de exposición de la fotografía cuando la luz es escasa es mayor, y si la estamos sujetando con nuestras manos es imposible que no haya ningún movimiento; nuestro pulso no es perfecto. De este modo, podemos programar nuestra cámara para que haga diversas fotografías durante un tiempo determinado, siempre en la misma posición; se trata de un factor interesante para lo que vamos a describir después. No obstante, cuando la iluminación es suficiente estos defectos en la imagen no se producirán con tanta frecuencia, por lo que resulta un tanto más fiable sujetarla con nuestras manos.

A la hora de elegir el lugar o lugares donde vamos a realizar fotografías, debemos fijarnos detenidamente en el entorno. Si hay algún objeto en el campo de visión, este puede producir sombras y provocar pareidolias en la pared de atrás. Además, hay que buscar elementos reflectantes como ventanas, espejos, cristales en el suelo o cualquier objeto metálico brillante, para evitar que una vez hecha la fotografía aparezca ese efecto. También es importante tener en cuenta las condiciones climatológicas si estamos en un lugar abierto, porque hasta una mínima gota sobre el objetivo puede dar al traste con las pruebas que queremos realizar. Asimismo, es determinante evitar la exposición de la foto a las fuentes de luz como linternas o lámparas, o que alguien pase accidentalmente delante o al lado de la cámara, provocando que su silueta o sombra aparezca en la fotografía.

La calidad de la fotografía es fundamental. Cuanto mayor sea más posibilidades existen de analizarla de forma fiable. Por lo general, cuando un experto en fotografía examina una supuesta foto paranormal necesita ampliarla, además de otros pasos. Si la fotografía es de mala calidad, la ampliación no hará sino emborronar cada vez más la imagen, hasta dejarla completamente indefinida. Las imágenes a gran calidad ocupan bastante espacio en la memoria de nuestras cámaras, pero dado que las tarjetas de almacenamiento actuales son muy baratas, esto no debe ser nunca un impedimento. Si disponemos de una cámara réflex configuraremos la calidad en formato RAW, que es el máximo posible. Si se trata de una compacta o la integrada en un terminal móvil, será en formato JPG de la mayor resolución disponible. Otra ventaja que ofrecen hoy en día la mayoría de las cámaras es que cada fotografía guarda toda la información sobre los parámetros con los que se ha realizado, facilitando mucho la tarea de estudiarla posteriormente.

Si tenemos cierto conocimiento técnico acerca de nuestra cámara, siempre es aconsejable utilizar el modo manual en las fotografías. El modo automático puede provocar que dos fotografías realizadas en un mismo sitio, con apenas unos segundos de diferencia, se realicen con distinto enfoque o exposición. Así, en una foto podría aparecer algo extraño y en la otra no, ante esto no tendríamos ninguna fiabilidad puesto que ambas fotos no se han realizado en las mismas condiciones. Por eso, ajustando de forma manual parámetros como la potencia del *flash*, el obturador (tiempo de exposición de la imagen), el diafragma (la cantidad de luz que entra en el objetivo), el valor

ISO (sensibilidad a la luz) y el enfoque, al realizar varias fotografías en las mismas condiciones, si observamos alguna anomalía en una de las tomas y en las demás no podríamos haber captado algo fuera de lo normal.

En cuanto al campo de visión, puesto que no conocemos el origen de aquello que de forma inexplicable aparece en una fotografía, siempre es preferible captar el mayor posible. De esta forma, el *zoom* del objetivo lo pondremos al mínimo, y si disponemos de un objetivo gran angular mucho mejor. Cuanto más escenario captemos, más posibilidades tendremos de fotografiar lo que buscamos.

Y ahora nos vamos a detener por un momento para tratar la problemática que conlleva el intento de fotografiar orbes. Existen algunos motivos que provocan la aparición de estas enigmáticas esferas luminosas, conocer estos factores nos permite eliminarnos y, por tanto, aumentará la posibilidad de captar un auténtico orbe sin explicación. La mayoría de los orbes fotografiados terminan siendo solo el reflejo de las motas de polvo en suspensión o un exceso de humedad en el ambiente. Esto ocurre porque la luz del *flash* incide sobre estas partículas reflectantes y el objetivo capta ese reflejo muy aumentado, haciendo que una minúscula gota de agua provoque un reflejo de dimensiones mucho mayores en la toma final. En el caso del polvo en suspensión, este se produce por la suciedad del lugar, la acción del viento y nuestras propias pisadas. Es recomendable hacer fotografías en un lugar cerrado, sin corrientes de aire, o, en todo caso, si hemos estado andando por ese sitio concreto, esperar al menos diez minutos para que el polvo se asiente de nuevo. En cuanto a la humedad ambiental o el rocío de la mañana va a ser más difícil de evitar, por lo que sería conveniente no realizar fotografías en ese tipo de ambientes. Siempre es bueno realizar algunas pruebas previas, para ver si esas molestas partículas están ahí y contar con ello. Teniendo tales precauciones quizá consigamos congelar una imagen paranormal en nuestra foto. Si tiene paciencia y pericia pruebe de vez en cuando a realizar fotografías en zonas oscuras sin *flash* y subiendo el tiempo de exposición (obturador); por supuesto, siempre utilizando un trípode. Si consigue, sin ningún tipo de apoyo lumínico, captar una fuente de luz como puede ser un orbe, enhorabuena, habrá logrado fotografiar algo que difícilmente tendrá una explicación racional.

En definitiva, como en cualquier otra prueba que realicemos, la objetividad y la convicción de querer hacer las cosas bien, nos acabarán deparando grandes recompensas. Pero, ¿es posible captar estas anomalías en movimiento? Vamos a descubrirlo.

Fotografía de un posible orbe en la parte inferior de la imagen. Realizada por Gema Delgado.

CAPTAR ANOMALÍAS EN VIDEO

Conseguir una prueba en video de un hecho paranormal resulta tan impactante como complicado. A pesar de la multitud de videos cuyo contenido son supuestas pruebas de fenómenos extraños a los que podemos acceder con una simple búsqueda en Internet, la realidad es que una gran mayoría de ellos son, como mínimo, dudosos. En muchas ocasiones se trata de burdos fraudes, bromas o trucajes realizados por ordenador, y en otras, simplemente, se debe a un error de interpretación de lo que se ha grabado, no se tienen los datos suficientes para valorarlo o el método para obtener el metraje no ha sido el más adecuado. Esto significa que no siempre existe una doble intención, sino que, en ocasiones, podemos llegar a pensar que hemos inmortalizado con nuestra cámara un suceso inexplicable cuando no es así.

Son tantos los factores a tener en cuenta que, en la práctica, la captura en video de estos eventos es muy compleja. Podemos tratar de captar un fenómeno, pero puede manifestarse cuando no lo esperábamos. Nos ocurrió en el instituto Aguilar y Eslava, situado en Cabra, provincia de Córdoba, España. Córdoba Misteriosa, junto al reconocido Grupo Hepta de investigación, del que forman parte los médiums Paloma Navarrete y Aldo Linares, la periodista Sol Blanco Soler, o el científico José Luis Márquez, entre otros, nos adentramos en aquel antiguo edificio con la finalidad de investigar los fenómenos que, según los testigos, allí sucedían. Mientras todos los participantes se encontraban en la planta superior, decidí bajar para grabar algunas tomas de los distintos puntos calientes del lugar. Entré a la biblioteca, hice una pasada a su interior con la videocámara y, más tarde, me marché. No ocurrió nada extraordinario en ese momento. Pero, unos días después, cuando repasaba todo lo que había filmado en esa noche, me percaté de algo que no percibí en el momento en el que sucedió. Justo cuando grababa aquella toma de la biblioteca vacía y sin nadie más que yo en esa estancia, apareció una voz. Parecía un lamento, un llanto, un sollozo en la lejanía. Escaneando el siguiente código, podrá ver ese fragmento (Cod. 10-1). Cuando afirmo que cualquier aparato capaz de grabar sonido es susceptible de captar una psicofonía, lo hago con total convencimiento.

Cod. 10-1

Aunque puede ocurrir de forma involuntaria —como acaba de visionar—, sí podemos tratar de capturar esas anomalías de forma consciente. El método más habitual consiste en dejar una cámara de video en un lugar fijo y asegurarnos de controlar el entorno del plano que está siendo grabado de forma que, si registramos cualquier causa extraña no sea fruto de un descuido por nuestra parte. Al colocar una cámara sobre un trípode enfocando, digamos, a un pasillo, debemos asegurarnos de que no hay nadie en ese lugar, ni en las estancias a las que se accede. También debemos mantenernos alejados del plano, siempre detrás de la cámara y vigilar las fuentes de luz (lámparas, focos, etcétera), ya que, sin querer, podríamos provocar sombras. Aunque compartamos la emoción de captar una silueta extraña en un lugar donde no hay nadie, mayor podría ser la decepción de descubrir que se trata de nuestra propia sombra.

No existe una cámara idónea para este tipo de pruebas, por lo que será nuestra práctica y nuestro presupuesto lo que hará que decidamos nuestro equipo. Aún hay quien utiliza cámaras analógicas de cinta para llevar a cabo la investigación, pero, al igual que ocurre con las grabadoras de sonido, puede resultar incómodo y aparatoso; por lo que la mejor opción sería disponer de una videocámara digital.

Cuando prepararemos una investigación, es imprescindible que la batería de la cámara esté completamente cargada y muy aconsejable llevar al menos una segunda batería. No debemos olvidar que, durante el transcurso de la investigación, podemos ser víctimas de aquellos fenómenos energéticos capaces de absorber la carga de las pilas o baterías de nuestros aparatos. También puede ocurrir que la videocámara deje de grabar e incluso se apague, algo que ya me ha sucedido en alguna ocasión. Al fin y al cabo, a esto nos exponemos.

Otro aspecto importante es la cantidad de memoria disponible en la tarjeta en la que se registrará el video. Quedarse sin espacio en mitad de una investigación puede ser decepcionante, pero es perfectamente evitable. Por un lado, es recomendable disponer de una tarjeta de memoria con la mayor capacidad posible y, por otro, ajustar la calidad del video al espacio disponible y al tiempo que estimamos que durará el o los fragmentos que vamos a grabar. La calidad del video se ajusta en el propio menú de la videocámara (revise su manual de instrucciones): cuanto menor sea, menos espacio ocupa en memoria y, por tanto, mayor será la duración de grabación disponible. Aunque debemos tener cuidado, ya que una baja calidad puede conllevar la aparición de efectos indeseados en la imagen, provocando confusión a la hora de su análisis. Como siempre, un poco de práctica con su videocámara le ayudará a decidir en cada momento cuál es la calidad adecuada.

En el apartado anterior comentábamos la utilización de las fuentes de luz. Esto también es aplicable a la grabación en video. Pueden aparecer motas de polvo que, al pasar ante la luz, provocan un reflejo haciéndose pasar por un orbe. Si decidimos grabar en lugares oscuros, o de noche, debemos utilizar una cámara con visión nocturna, también llamada «*nightshot*»; puede ser una buena opción, ya que de esta forma evitaremos el uso de focos o *flashes*. En el mercado existen cámaras de video que incorporan la función de visión nocturna, y también otras exclusivamente diseñadas para tal fin. Las segundas suelen ser más caras, pero son más fiables, por lo que todo dependerá de lo que cada uno se pueda permitir. No obstante, reitero que no es imperativo realizar un gran desembolso económico para disponer de un equipo que nos permita comenzar a investigar.

Cámara de vídeo digital con función de visión nocturna o *nightshot*.

¿Cuánto tiempo es necesario estar grabando para conseguir resultados? Es imposible saberlo. Todos los fenómenos paranormales son aleatorios, no sabemos su origen, ni cómo se producen, por lo que no podemos predecir su aparición. El tiempo de grabación depende del disponible durante la investigación, sin olvidar que después debemos repasar detenidamente cada video registrado. Durante la investigación realizada en la Facultad de Derecho, que ya comenté en un capítulo anterior, el equipo de *Cuarto Milenio* llevó a cabo un amplio despliegue técnico que incluía la instalación de un buen número de cámaras de vigilancia que estarían registrando la imagen durante todo el tiempo. Resulta que una de las cámaras, solo una, y durante unos segundos, registró la increíble aparición de un orbe, una esfera luminosa que parecía moverse de forma inteligente. Ocurrió en un momento en el que el edificio estaba completamente vacío. Aquel fenómeno óptico recorrió un lateral del vestíbulo hacia el que estaba enfocada la cámara, para desaparecer tras una puerta. En el siguiente código puede observar este fenómeno registrado, para el que, según los diversos expertos que lo han analizado, no existe ninguna explicación (Cod. 10-2).

Cod. 10-2

Lo sé. Puede parecer desalentador que únicamente se lograra captar este fenónemo de apenas cinco segundos en una de tantas cámaras grabando durante horas y horas, mientras que en el resto pareció no registrarse nada. Pero debemos verlo desde otro prisma, tomando conciencia de que no es algo imposible, sino que realmente ocurre, aunque aún no sepamos cómo explicarlo.

Existen cámaras termográficas que no registran una imagen como las convencionales, sino que muestra la temperatura a la que están los objetos que hay frente al objetivo. Su precio es bastante elevado, por lo que debemos valorar si merece la pena realizar la inversión. Algunos de los investigadores que la utilizan han obtenido resultados realmente sorprendentes, como la aparición de una silueta con forma humana y en movimiento, o la generación espontánea de frío o calor sobre un punto determinado sin que nada lo haya podido provocar. La intención siempre es utilizar cuanto tenemos a nuestra disposición en busca de ese hecho diferencial.

Cámara termográfica.

Llega el momento de completar el equipo técnico de nuestra investigación. Poco a poco vamos llenando nuestra maleta de aparatos, y ya se va notando el peso. Pero que siempre pese más nuestra voluntad, nuestra experiencia y nuestra inquietud por descubrir aquello que nadie aún nos ha explicado. Sigamos.

LA MEDICIÓN DE LAS ALTERACIONES DEL ENTORNO

El empuje tecnológico de los últimos tiempos ha permitido que cada vez sea más accesible conseguir todo tipo de aparatos. Hace apenas unas décadas era necesario gastarse una auténtica fortuna, por ejemplo, en un medidor de campos magnéticos que hoy en día podemos obtener, con cierta calidad, por apenas unos euros. Debemos aprovechar esta circunstancia para medir todos los factores que rodean una investigación. Registros periódicos de la temperatura, campos electromagnéticos, presencias y otros.

Acerca de los sensores de movimiento, debemos entender un poco su funcionamiento. Se trata de detectores con la capacidad de activarse ante una presencia física en movimiento dentro su radio de acción. Se utilizan para hacer saltar alarmas de seguridad, avisar de que alguien ha entrado por una puerta y otros fines. Existen varios tipos de sensores según la base de su funcionamiento, aunque los más habituales son los que utilizan la tecnología por infrarrojos, capaces de percibir los cambios de calor, por eso se activan cuando pasamos por delante de uno. En el mercado existen diversos modelos, así que para empezar es aconsejable adquirir uno económico y aprender su funcionamiento, para más adelante, si queremos, sustituirlo por otro de mayor calidad. Hay modelos autónomos que funcionan con pilas y emiten una señal acústica si detectan algo; son los más adecuados para nuestra investigación, por ser portables y de pequeño tamaño. Debemos tener en cuenta que estos sensores son capaces de actuar ante el cambio de calor incluso al otro lado de una pared, por lo que tendremos cuidado de dónde los colocaremos para no provocar alarmas innecesarias. El rango de detección más habitual es de unos 10 metros de distancia, con un ángulo de 90 a 120 grados. También los hay capaces de actuar en 360°, pero, precisamente por este motivo, no son los ideales para las investigaciones.

Detector de movimiento por infrarrojos.

En ocasiones, la termogénesis se asocia a la aparición de un fenómeno paranormal. No es difícil llevar un control de la temperatura ambiental en el lugar que estamos investigando. Podemos adquirir un medidor de temperatura por entre 10 y 15 euros y utilizarlo en conjunto con los demás equipos. Lo ideal es realizar un primer sondeo en el momento en el que empieza la investigación y repetir las medidas cada cierto tiempo, registrándolas en un cuaderno. Por supuesto, si alguno de los presentes manifiesta estar percibiendo un cambio brusco en la temperatura ambiental, medimos de nuevo y comparamos con los demás registros. Es muy importante tener en cuenta que la temperatura normal no va a ser siempre la misma. Si permanecemos cierto tiempo en una estancia, la temperatura aumentará. Si estamos en un espacio abierto y empieza a anochecer, descenderá. Pero si durante el desarrollo de la investigación registramos un cambio brusco, ya sea ascendente o descendente, sucedido en un corto espacio de tiempo, podría ser un dato a tener en cuenta. ¿Qué hacer si esto ocurre? ¿Ha sucedido algo en ese momento? Sea como fuere, se trata de una anomalía que merece la pena dejar reflejada en los datos y conclusiones posteriores a la investigación.

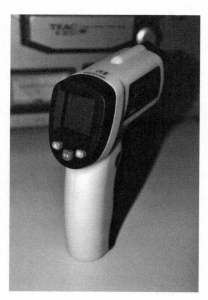

Termómetro de medición
instantánea.

En los últimos años, ha cobrado fuerza una teoría que relaciona las alteraciones de los valores del campo geomagnético con la aparición de fenómenos. Para hacernos una idea, la superficie de la Tierra está afectada por el campo geomagnético que se crea debido a la acción del núcleo terrestre y se expande hacia fuera. Es un valor medible y en la superficie suele oscilar entre los 25 y los 65 µT (microTeslas). Dicho valor no suele ser constante, sino que es influido por varios factores; por ejemplo, la existencia de aguas subterráneas es capaz de alterar estos valores. Es curioso porque siempre se ha mantenido que existe una relación entre el agua y los fenómenos paranormales. Las llamadas fuerzas telúricas aumentan, normalmente, en zonas donde existen cauces subterráneos. La radiestesia es una técnica milenaria utilizada, entre otras cosas, para encontrar fuentes de agua y se basa en estos patrones de incremento de la energía telúrica, que señalan la posición de una acumulación de líquido. Una vez más, la tecnología nos permite acercarnos más a este conocimiento, sustituyendo las ancestrales varillas de cobre por aparatos de medición de campos geomagnéticos.

También se provocan alteraciones de estos campos de forma artificial. El flujo de electricidad, por lo general, puede variar la medición. Si medimos cerca de una lavadora en funcionamiento, un enchufe con varios aparatos conectados o cerca de una línea de alta tensión, el resultado será probablemente mucho mayor, e incluso menor, que el que habría en caso de no influir la electricidad. ¿Quiere decir esto que no es válido tomar medidas donde así ocurra? Opino que no, porque en nuestro caso lo que nos interesa es medir la variación de estos campos, independientemente de su origen, y cotejarlos con la supuesta aparición de fenómenos en el lugar en el que medimos.

Dicho esto, ¿qué correlación existe entre las variaciones importantes del campo geomagnético y los fenómenos extraños? Justo esto es lo que tratamos de demostrar si, en el lugar concreto donde ha tenido lugar un suceso, la medición de este valor es inusual. En el mercado existen equipos de medición de campos magnéticos, también llamados gaussímetros (ya que los valores se miden indistintamente en microTeslas o Gauss), y su elección dependerá del presupuesto que tengamos. Quizá para empezar a practicar sea aconsejable adquirir un medidor económico, podemos encontrarlos por entre 17 y 30 euros en Internet. Evidentemente, carece de la precisión y fiabilidad de uno mayor, pero el desembolso inicial será mínimo y, más adelante, si los resultados acaban siendo positivos, podremos dar un salto cualitativo adquiriendo uno más profesional, cuyo precio oscila entre los 100 y los 300 euros. Hago hincapié en que cuantos más datos objetivos tengamos en una investigación mayor será su fiabilidad, y, por consiguiente, lo que hagamos será tenido más en cuenta por todos aquellos que nos completarán. Recuerde que debemos compartir lo aprendido.

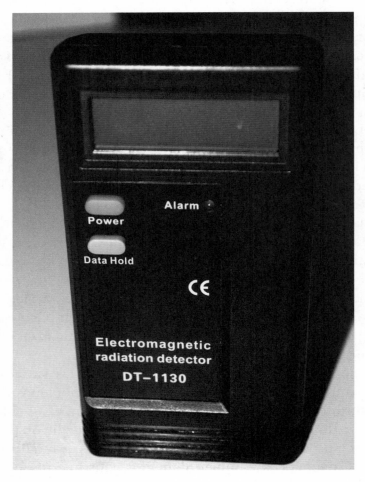

Medidor de campos
electromagnéticos.

El 11 de febrero de 2017 aprendí mucho sobre esto. Hace un buen puñado de páginas ya, nos habíamos adentrado en aquel misterioso edificio que es la Facultad de Filosofía y Letras de Córdoba. Y no es de extrañar que deba referirme a aquella investigación una vez más, ya que fue reveladora en diversos aspectos. Rafael Balaguer, científico y parte integrante del equipo de *Cuarto Milenio* que se desplazó hasta el lugar, tenía como objetivo realizar mediciones de los campos geomagnéticos por todo el edificio. Para aprender más sobre esto, me ofrecí a ayudarle y recorrimos gran parte del inmueble, midiendo metro a metro con su gaussímetro. Conozco bien a fondo el edificio por lo que tenía interés por saber qué resultados se obtendrían en los puntos calientes; y la sorpresa no se hizo esperar. Existe un rincón en la planta alta en el que muchos testigos aseguran haber vivido situaciones insólitas, y, sobre todo, haber visto la presencia de un niño pequeño. Durante aquellas pruebas, comenté con Balaguer que estaba expectante por llegar al lugar concreto con el medidor. En el cuadrado que forma esa consecución de vestíbulos la medida fue normal, rondando los 25 µT, pero al llegar a ese rincón se disparó hasta los 35. Y solo en ese punto concreto. Confieso que resultó emocionante comprobar que, al menos en ese lugar, coincidían los testimonios y la medición científica en que algo anómalo ocurría. Aunque hubo otro punto en el que la medida cuadruplicaba la normal. Rafael Balaguer no conocía el edificio, por lo que no sabía que ese sitio en concreto en el que su medidor había enloquecido era donde estuvo situada la antigua morgue del hospital de Agudos que fue esta actual facultad, y que, curiosamente, es señalado como el principal punto caliente. Todo esto puede ser una llamativa curiosidad, o podría estar dejando entrever que las energías tienen un papel mucho más relevante de lo que pensamos en la existencia de los fenómenos paranormales. No cerremos puertas, ni obviemos lo que quizá nos llama a gritos.

A la izquierda, Rafael Balaguer. A la derecha, el autor. Investigación en la Facultad de Filosofía y Letras de Córdoba.

En este momento, podemos considerar que hemos establecido unos sólidos cimientos para llevar a cabo nuestras investigaciones y experimentaciones. Hemos aprendido acerca de los fenómenos paranormales, su impacto en nuestra vida cotidiana y cómo capturarlos tal y como lo hacen los que ya se encontraron con ellos. A partir de aquí empezaremos a poner en práctica todo lo asimilado, dando coherencia a nuestra investigación y creando un método de trabajo. Con la maleta llena, los aparatos ordenados y comprobados, y la firme decisión de ir en busca de lo desconocido, comenzaremos a recorrer juntos un tramo más de su camino. Poco más adelante deberá seguir por su cuenta, pero quiero que sepa que, siempre que su objetivo sea el mismo que el mío, nos seguiremos encontrando. Afrontemos ahora una investigación paranormal.

CAPÍTULO XI

INVESTIGACIÓN DE CAMPO

¿DÓNDE REALIZAR UNA INVESTIGACIÓN?

Este es, sin duda, uno de los mayores dilemas a las que nos enfrentamos los que deseamos convertirnos en investigadores. ¿Existe un lugar más idóneo que otro para conseguir observar o capturar fenómenos paranormales? A mi entender, lamentablemente, esta cuestión no tiene una respuesta certera. Y digo lamentablemente porque, en un sentido práctico, facilitaría mucho nuestra labor el hecho de saber dónde podríamos encontrarnos con el Misterio. Pero veamos el lado positivo: aunque ciertos enclaves parecen tener una predisposición a manifestar sucesos inexplicables, estos pueden aparecer en cualquier lugar, donde menos se les espera. Si no conocemos el origen o la causa de los fenómenos, sería arriesgado concentrarse desde un principio en algunos enclaves concretos, ya que podríamos desperdiciar la oportunidad de estar en otros en los que quizá también obtengamos buenos resultados. Esto significa que, desde un principio, tenemos un amplio abanico de zonas, edificios, campos enteros si queremos, donde investigar. La experiencia a lo largo del tiempo irá modelando nuestras preferencias en cuanto a dónde queremos acudir a realizar una investigación, así que no cerremos puertas que ahora mismo podrían estar entreabiertas.

El autor explorando un antiguo paso subterráneo
en una zona minera abandonada.

En el próximo capítulo le explicaré la existencia de ciertos fenómenos que, de alguna forma, parecen inmunes al espacio y el tiempo, por lo que podríamos estudiarlos en nuestro propio hogar. Lo sé, puede sonar un tanto perturbador si nunca ha experimentado en su propia vivienda, pero me siento capaz de demostrarle que ese temor es infundado. Podemos hacerlo. Pero ahora nos centraremos en lo que se conoce como investigación de campo. Se denomina así a la investigación que requiere de nuestro desplazamiento, en la que intervienen diversos factores. Cuando decidimos investigar en un lugar no es por casualidad. Estamos siguiendo las huellas del Misterio, y este siempre deja alguna pista, alguna señal, que nos indica dónde puede estar. En ocasiones el interés surge cuando conocemos que en un sitio concreto ocurren fenómenos extraños y nos es posible ir a intentar comprobarlo. Otros lugares nos llaman por un motivo estético. En ocasiones, la ingente cantidad de testigos es la que nos pondrá en alerta y, seguramente, alguna vez alguien nos pedirá directamente que lo hagamos.

En cualquier caso, un elemento clave que, bien interpretado, nos puede conducir al lugar correcto es el testigo. No olvidemos que, todavía hoy, hablar de sucesos paranormales vividos en primera persona sigue siendo en parte un tema tabú. Aún perdura esa mentalidad cerrada que simplemente desdeña los testimonios, haciendo parecer al protagonista de un evento paranormal alguien que no está en sus cabales o, simplemente, desea llamar la atención. Si de verdad queremos tratar el Misterio dándole el valor que consideramos que se merece, no se nos puede escapar el hecho de que hay personas que, en algún momento de su vida, se han encontrado con lo imposible y estas pueden ser las que más nos ayuden a realizar nuestro propósito.

LA FUERZA DEL TESTIGO

Vivimos una época de cambios en cuanto al interés por lo extraño, lo oculto. Hace apenas unas décadas, todo aquel que se atrevía a contar que en su hogar se le aparecía un espíritu, o un vaso se había movido solo, era tratado como poco menos que un demente. Hoy el interés por esta temática ha crecido exponencialmente y a pesar de que muchos siguen considerando estos temas como algo superfluo, morboso y hecho para la diversión de otros, ya sabemos que no es así. Por tanto, es nuestra obligación moral escuchar a quien hace de tripas corazón y comparte con nosotros una experiencia tan íntima como es un encuentro paranormal, porque tengamos en cuenta que es muy posible que esté haciendo un esfuerzo titánico al contárnoslo y, antes de eso, muchas otras personas han podido hasta burlarse de su vivencia.

Un testimonio puede llegarnos de mil maneras diferentes. Alguien que nos confía directamente su vivencia, o que conoce a alguien a quien le ha ocurrido, o una vez escuchó que a alguien le pasó algo en cierto lugar. Sin embargo, podemos hacer un pequeño esfuerzo para tratar de conocerlo todo de primera mano, buscando y localizando a esa persona que puede contarnos lo que sucedió, cuándo y cómo.

Debo advertirle que nos encontraremos de todo. Cuando se dice que «todas las personas son diferentes» es una afirmación literal. Durante la entrevista a algún testigo pueden tratar de engañarnos. Por fortuna, esto pasa en contadas ocasiones, pero nos puede suceder y llega a ser frustrante. ¿Por qué motivo nos querrían engañar? Hay quienes desean ridiculizar nuestro trabajo, otros buscan protagonismo. Por eso, en una entrevista debemos ser más analíticos que empáticos con el testigo, al menos en un principio, y decidir si esa persona está diciendo toda la verdad o, por el contrario, trata de confundirnos y hacernos perder el tiempo. No siempre se puede saber, no se trata de desconfiar, sino de desarrollar cierta intuición para detectar estas actitudes negativas. Y aunque no siempre nos demos cuenta del engaño, con el paso del tiempo aprenderemos a hacer una criba inicial en cuanto a la credibilidad de la persona que tenemos ante nosotros.

Otras personas nos contarán sucesos realmente increíbles, impresionantes, difíciles de digerir. Y puede dar la impresión de que lo que nos cuentan es tan fantástico que deben estar inventándolo, pero no siempre es así. Puede suceder que esa persona que nos descoloca y rompe los esquemas piense realmente que está viviendo esos fenómenos paranormales, que quizá no sean tales o tengan una explicación lógica y, sin embargo, los percibe de una forma distorsionada o aumentada. No podemos culparles. Si pensamos que estamos ante un caso así, y decidimos seguir adelante, podemos enfocar esa investigación para tratar de demostrarles que quizá temen por algo que no es tal. En la mayoría de los casos, es un alivio para estas personas saber que no es para tanto y habremos ayudado a disipar su angustia.

Pero hay ocasiones en las que tenemos delante a un testigo que irradia sinceridad. Todo aquello que nos cuenta, dentro de lo inexplicable, tiene coherencia. Cuando encontramos a alguien así, que no tiene nada que ganar y sin embargo está compartiendo con nosotros su experiencia, la investigación acaba adquiriendo una nueva dimensión. Si confiamos en esa persona y creemos en lo que dice, nuestra propia predisposición a la hora de enfrentarnos al caso podría llegar a facilitar la aparición de los fenómenos. Recuerde el factor humano. Yo creí a Marian Reyes y me encontré con aquel caso perfecto. Casi olvidaba que lo habíamos dejado a medias, pronto conoceremos lo que llegó detrás de aquella impactante psicofonía.

Durante la entrevista debemos ser cautos. La persona o personas que tenemos delante necesitan, en cierto modo, desahogarse. Lo correcto es ser educados y amables, escuchar lo que nos tienen que decir. Luego podemos hacer preguntas concretas enfocadas en los hechos: ¿Dónde sucedió? ¿Qué hora era? ¿Cuántas personas había en la casa? ¿Cuánto tiempo llevan ocurriendo los fenómenos? ¿Alguien más ha podido presenciarlos? ¿Sucedió algo relevante en el pasado en el lugar? Preguntas destinadas a meternos en la piel del testigo y enfrentarnos a los supuestos fenómenos paranormales que pretendemos captar y tratar de interpretar en nuestra posterior investigación. Es conveniente grabar la conversación o tomar notas en papel. Recopilar todos los datos posibles y, antes de comenzar la investigación, repasarlos. En ocasiones, un nimio detalle puede acabar siendo una pieza clave, por lo que interesa tener en cuenta todos los detalles posibles.

Una vez hemos tomado la decisión de investigar, llega el momento de ponernos el mono de trabajo. Como decía antes, los enclaves para investigar son *a priori* infinitos, pero he querido agruparlos en tres tipos principales, que parecen ser los que históricamente manifiestan una mayor cantidad de fenómenos paranormales. Estos son los lugares abandonados, los edificios oficiales e históricos y los domicilios particulares. Ahora abra su maletín y empiece a preparar su equipo, nos vamos a investigar.

LUGARES ABANDONADOS

No siempre han sido los lugares preferidos de muchos investigadores de lo insólito, pero en los últimos años ha surgido un gran interés por aquellos edificios que se encuentran en estado de abandono. A veces son construcciones estigmatizadas por la leyenda negra, donde han tenido lugar hechos luctuosos que parecen haber marcado sus cimientos. En otras ocasiones podemos sentirnos atraídos por estos peculiares enclaves simplemente por su aspecto, su estética, su estampa, tan tétrica como evocadora. Algunas personas acuden a estos lugares solo para conocerlos y fotografiarlos, es lo que llaman «exploración urbana» o «urbex», pero otras dan un paso más allá y ven en estos decadentes edificios un portal hacia el Misterio. Personalmente, considero que no son los lugares ideales para la investigación, ya que acarrean muchos problemas en el sentido práctico, pero eso no significa que no sean proclives a manifestar fenómenos paranormales. Tomando las necesarias precauciones podemos llegar a obtener esas pruebas que estamos rastreando.

Seminario de Santa María de los Ángeles.
Edificio abandonado en la provincia de Córdoba.
Fotografía realizada por Gema Delgado.

Siempre que se investiga una edificación es importante conocerla de antemano. Un primer vistazo, un paseo por sus estancias y una constante observación del entorno. Esto vale para cualquier lugar que se investigue, pero es extremadamente necesario si vamos a adentrarnos en uno en estado ruinoso. Si usted tiene la creencia de que las psicofonías son voces de personas desencarnadas, estoy seguro de que no querrá protagonizar la psicofonía que capten los próximos que pasen por allí. Nuestra integridad física es lo primero. En muchos casos, andaremos entre cascotes, bajo techos semiderruidos, con paredes endebles e incluso una climatología adversa a la que estaremos completamente expuestos. Es preceptivo llevar una ropa cómoda, calzado adecuado e incluso un botiquín de primeros auxilios. No se trata de un juego. Debemos prestar especial atención al lugar y decidir, exclusivamente en base a nuestra seguridad, dónde acceder y dónde no. Y, por supuesto, es imprescindible llevar linternas y otros equipos de iluminación si en el momento de la investigación es de noche, o prevemos que anochecerá. Cuando estemos completamente seguros en el sitio podemos empezar con la investigación.

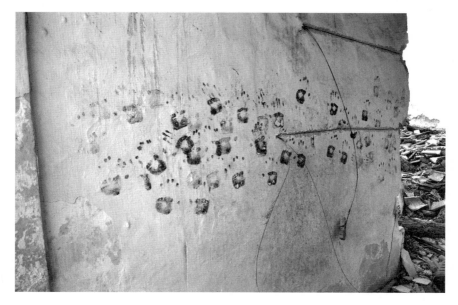

Muro de una casa abandonada, en el que se aprecian huellas de manos infantiles, sorprendiéndonos durante una investigación.

¿Qué nos llevamos a la investigación? Esta pregunta nos lleva a otra: ¿Qué tipo de fenómenos podríamos llegar a captar en estos lugares? Podemos enfrentarnos a fenómenos físicos, sensoriales, energéticos, también llegar a captar psicofonías, orbes. En definitiva, puede suceder cualquier cosa. Para ello, aplicaremos lo que hemos ido conociendo en este manual. Debido a las características de estos sitios, su lejanía o el inconveniente de no disponer de electricidad, habrá cierto tipo de pruebas que no podremos realizar, como, por ejemplo, la utilización de cámaras de vigilancia. No tiene por qué poseer todos los aparatos que hemos ido describiendo, por lo que sirva el siguiente inventario para llevar consigo aquello de lo que disponga:

— Grabadoras de sonido
— Cámara de video (y de visión nocturna si se dispone)
— Medidor de temperatura
— Medidor de campos magnéticos
— Sensores de movimiento
— Cámara fotográfica
— Spirit Box
— Linternas
— Pilas y baterías de repuesto
— Cuaderno u ordenador portátil

Recuerde comprobar con anterioridad el estado de los aparatos, así como de sus baterías. Y aunque los fenómenos energéticos nos pueden jugar alguna mala pasada y dejar alguno sin energía, sigue siendo aconsejable llevar varios juegos de pilas y baterías. Y ahora sí, nos desplazamos al enclave elegido.

Lo habitual (y recomendable) cuando se investiga en lugares abandonados es ir siempre acompañado. Un pequeño grupo de personas que, evidentemente, compartan nuestras inquietudes y tengan el mismo objetivo que nosotros. Si decidimos dispersarnos por el edificio, es bueno establecer un punto de encuentro en el lugar en el que coincidir de vez en cuando e intercambiar impresiones. También es positivo realizar un reparto de tareas dependiendo de las aptitudes de cada uno de los integrantes del equipo. Uno puede utilizar la cámara para documentar la investigación, otro encargarse de la o las grabadoras, otro de llevar un registro de los acontecimientos, y así en todos los aspectos.

Se debe observar el entorno con detenimiento, ya que los lugares abandonados suelen estar relativamente aislados pero también muy expuestos a la contaminación acústica de su alrededor. El enclave se puede encontrar junto a una carretera, una urbanización o una vía de tren. No es complicado percatarse de todos esos ruidos externos pero debemos extremar las precauciones, porque las sesiones de psicofonías se pueden echar a perder.

Caserío abandonado, popularmente
conocido en el lugar como el «Cortijo de los
Asombros», escenario de numerosas leyendas
sobre duendes y apariciones fantasmales.
Fotografía realizada por Gema Delgado.

Es importante realizar una investigación ordenada. Para ello, los participantes podemos consensuar qué queremos hacer allí y en qué orden. Si conocemos algo sobre el lugar y tenemos localizados los posibles puntos calientes, quizá sean los mejores sitios donde realizar las pruebas psicofónicas o tratar de captar anomalías en video o fotografías.

El momento más sensible se produce cuando tratamos de capturar psicofonías. Como hemos aprendido, es necesario tener el control de la situación durante una sesión de grabación, no queremos sorpresas desagradables en nuestros posteriores análisis. Debido a las características de estos lugares y, sobre todo, si se detecta ruido externo, es preferible realizar varias sesiones cortas y en diversos puntos. En el capítulo correspondiente a la grabación de psicofonías establecíamos una serie de preferencias técnicas que dependen del lugar y su entorno. En nuestro caso, tal como expuse, lo más aconsejable es realizar varios registros breves, de entre 5 y 10 minutos, con el micrófono configurado a baja sensibilidad para evitar captar ruidos lejanos que nosotros no podemos oír, pero nuestra grabadora sí. Al empezar podemos hacer un apunte de voz indicando la hora y lugar en que se va a realizar la prueba y, de ese modo, la grabación resultante siempre estará ubicada. Podemos utilizar varias grabadoras a la vez, pero considero muy importante que estemos junto a ellas, y no depositarlas sobre una piedra, marcharnos y recogerlas más adelante. No hay garantías en esa prueba, no podemos saber qué ha pasado en todo ese tiempo. No es un entorno controlado. Y en cuanto a la sesión, podemos optar por el silencio o realizar preguntas ordenadas, pero siempre procurando no susurrar entre nosotros, siempre hablando alto y claro, para no incurrir en errores en el análisis posterior.

Personalmente, en los lugares abandonados no he obtenido muchas psicofonías, o al menos no tantas como en otro tipo de investigaciones. Pero algunos resultados me han llegado a poner los pelos de punta. Quiero compartir con usted mi experiencia en una casa abandonada que tuve la oportunidad de investigar. Era un cortijo ubicado en una zona del sur de la provincia de Córdoba conocida por el alto índice de suicidios y, también, por las numerosas leyendas sobre duendes, apariciones y avistamientos OVNI. No sabía nada concreto acerca de la edificación, tan solo la información genérica que he descrito, aunque me pareció un lugar ideal para tratar de captar alguna psicofonía.

Casa en ruinas en la sierra sur de Córdoba, donde durante una investigación se registró una impactante psicofonía.

Estaba realmente aislado, no se oía un alma, era perfecto. Grabé en silencio un par de ocasiones durante escasos minutos. No esperaba mucho de aquella pequeña e improvisada investigación. Aunque en aquel momento no ocurrió nada extraordinario, me había llevado con mi grabadora una extraña psicofonía que saldría a la luz en el posterior análisis. De fondo se escuchaba lo que parecía el grito ahogado de una mujer, como si estuviera asustada por algo que acabase de presenciar. Pero yo no escuché absolutamente nada, y un grito así debería haberse oído de tener un origen natural. A continuación, puede escuchar la psicofonía que le describo. En este caso, no apliqué ningún tipo de filtro, tan solo una pequeña amplificación para escucharla con más claridad. Repetida tres veces (Cod. 11-1).

Cod. 11-1

También podemos realizar pruebas con la Spirit Box de forma similar a como tratamos de captar psicofonías. En este caso, ya tenemos visto el funcionamiento del escaneador de frecuencias y es necesario formular preguntas para obtener una respuesta. Recuerde utilizar un altavoz para escuchar el aparato a un mayor volumen y una grabadora, junto a este, para registrar todo lo que pueda ocurrir. Con un poco de suerte, aquello que manipula esos sonidos puede sorprendernos con una gratificante (o inquietante) respuesta.

En otros momentos, podemos realizar fotografías de la forma que ya hemos descrito. Siempre hay que ser muy cuidadosos con las fuentes de luz. Si es de noche, procuraremos que ningún compañero enfoque involuntariamente con su linterna hacia el campo de visión de la fotografía. También debemos tener en cuenta que, al encontrarnos en un lugar en estado de abandono, todo estará sucio y lleno de polvo. El simple hecho de pisar por la superficie produce una polvareda que, si bien no podemos percibir a simple vista, puede provocar la aparición de motas de polvo reflejadas en la fotografía, lo que fácilmente confundiremos con orbes. Aparte, es posible realizar diversas pruebas con cámaras de video, siempre teniendo en cuenta que no provoquemos ningún tipo de movimiento mientras se encuentran grabando. La opción *nightshot* o visión nocturna solo es válida si el ambiente es oscuro, ya que de otra forma el funcionamiento no será correcto, pudiendo aparecer en la imagen todo tipo de formas que no se corresponden con la realidad. La ventaja que tienen las cámaras de fotos y las videocámaras es que podemos visionar al momento los resultados de las fotografías y videos, por lo que es una buena idea, durante la investigación, repasar cada cierto tiempo y entre todos los presentes las imágenes. Si se aprecia algo fuera de lo común, no está de más volver al lugar exacto en el que se ha captado y repetir la prueba. Quizá sea un efecto producido por algún objeto que está en ese sitio; y si no es así, probablemente, habrá conseguido algo realmente sustancioso.

Por supuesto, la observación del entorno y los acontecimientos es crucial. En nuestro equipaje hemos incluido medidores de temperatura, campos electromagnéticos y movimiento. Si nos encontramos en un sitio abierto, a la intemperie, habrá que tener en cuenta que la temperatura variará constantemente. Esto no quita que realicemos medidas de temperatura cada poco tiempo y, sobre todo, al suceder algo: un ruido, sensación de frío repentina o cuando estemos experimentando con las grabadoras o la Spirit Box, por ejemplo. También el medidor de campos magnéticos nos puede ayudar a elegir un lugar idóneo para experimentar, siguiendo aquella teoría que relaciona las alteraciones de estas energías con los fenómenos paranormales. Estad muy atentos a este medidor, porque en ocasiones puede dispararse sin motivo aparente, aunque sea por un instante; y en caso de suceder podría significar algo. Elegiremos con cautela el lugar en el que dejaremos los detectores de movimiento. Ya sabemos que pueden percibir presencias en forma de calor a varios metros de distancia, así que recomiendo dos opciones: dejarlos bastante alejados del grupo o, si consideramos que tienen que estar en un lugar concreto en el que estamos realizando otras pruebas, abandonar temporalmente ese sitio.

Todo evento que suceda podemos ir anotándolo en nuestro cuaderno o dispositivo electrónico, como si se tratase de una especie de cuaderno de bitácora. Después de cada investigación necesitamos tener todos los datos posibles de lo que hemos hecho, así como los valores y anomalías que nuestros medidores han reflejado. Como puede comprobar, solo se necesita actuar con rigor y cautela. Así, sin darnos cuenta, ya estamos aplicando el método científico.

Ahora daremos el salto a otro tipo de localizaciones, quizá menos accesibles para la realización de una investigación, pero que pueden dar resultados increíbles. Se trata de aquellos edificios oficiales con un largo pasado en los que parece concentrarse un gran número de fenómenos extraños.

EDIFICIOS OFICIALES E HISTÓRICOS

Si bien los lugares abandonados pueden llamar nuestra atención por su aspecto, o los resultados que otros han podido conseguir en sus investigaciones, adentrarnos en edificios vivos y con historia podría decirse que es subir un escalón más en lo que hacemos. Hablamos de edificios oficiales antiguos pero en uso, y eso significa que suelen ser frecuentados normalmente por una importante cantidad de personas. ¿Cuál es la consecuencia de esto? Si en estos edificios ocurren fenómenos extraños serán más las personas que los presencien, gente de todo tipo que coincide en afirmar que en dicho lugar ocurre algo fuera de lo común. Solo por eso tendríamos una gran cantidad de información con la que empezar a desarrollar nuestra investigación. Y, además, lo habitual es que la vida de este tipo de construcciones esté perfectamente documentada desde sus inicios, por lo que la labor de extraer información que pueda estar relacionada con los hechos que acontecen será más sencilla y completa.

Eso sí, este tipo de lugares tienen un inconveniente: vamos a necesitar una autorización expresa para poder llevar a cabo una investigación en ellos. No va a ser fácil obtenerla. Para ello, debemos demostrar que responde a un interés general y que lo llevaremos a cabo con honestidad. Nuestra intención es la de comprobar de forma objetiva lo que allí ocurre. ¿Qué ayuntamiento, hospital, administración o universidad permitiría que su edificio se convirtiera en un pasaje del terror? Nuestro objetivo a medio y largo plazo es demostrar que el Misterio es más que una parafernalia mediática o una mera diversión de fin de semana. Cuando las cosas se hacen bien, obtener estos permisos es posible. El equipo de Córdoba Misteriosa ha conseguido adentrarse en edificios oficiales de la ciudad y la provincia, como la Facultad de Derecho, la Facultad de Filosofía y Letras, el Palacio Ducal de Fernán Núñez, el Instituto Aguilar y Eslava de Cabra, y muchos más enclaves realmente interesantes. Y esto ha sido posible gracias al impecable trabajo de José Manuel Morales y algunos colaboradores del equipo, a quienes admiro por eso, firmes defensores en la idea de que el Misterio es lo suficientemente importante como para ser tratado con rigor, y que más allá de la curiosidad se esconde algo que todos, o casi todos, deseamos conocer.

Instituto Aguilar y Eslava, en Cabra, Córdoba.
Fuente: Web oficial Aguilar y Eslava.

Estos edificios oficiales tienen una serie de ventajas que, frente a otros enclaves, los convierten en un verdadero diamante en bruto para la investigación. Aspectos tales como un buen control del entorno (si estamos solos en el edificio o no), acceso a la electricidad para poder realizar pruebas más prolongadas o instalar equipos de vigilancia y medición, la posibilidad de instalar cámaras y disponer grabadoras, en distintos lugares, que estén en funcionamiento durante todo el tiempo que deseemos, y sin temor a interferencias externas como ruidos o un largo etcétera.

Si nos encontramos en una investigación de este tipo podemos utilizar las herramientas descritas anteriormente, añadiendo otros elementos y experimentos. Por ejemplo, si es posible, es buena idea instalar cámaras de video enfocando constantemente a un punto caliente. Recordará el orbe que fue filmado durante la investigación en la Facultad de Derecho con el equipo de *Cuarto Milenio*, pues con toda seguridad no hubiera sido posible filmar algo así en un lugar que no estuviera controlado o vacío. Por otro lado, las sesiones de grabación de psicofonías no requieren una vigilancia tan exhaustiva como en lugares abiertos o ruidosos. Podemos dejar alguna grabadora en una estancia concreta, en la que previamente nos aseguramos de que no se escuchan ruidos del exterior, y seguir con la investigación mientras esta se encuentra en marcha.

Clara Tahoces y el autor, durante la investigación de Cuarto Milenio en la Facultad de Derecho de Córdoba.

Permítame mostrarle un sonido que Clara Tahoces, reportera de *Cuarto Milenio*, recogió con su grabadora en el denominado Salón de Grados de la mencionada facultad. Justo en el momento en el que fuimos testigos de aquella mimofonía en la zona de la biblioteca, en la que una mujer parecía lamentarse, anécdota que espero recuerde, la grabadora de Clara se encontraba dentro de aquel salón, en el que no había nadie (ni en todo el edificio, salvo nosotros tres). Era un sonido chirriante, bastante fuerte, que de ser natural estoy seguro de que lo habríamos escuchado también, y para el que no encontramos explicación. Algunos coincidían en que parecía el grito agudo de un bebé que está padeciendo algún tipo de dolor, seguido de la voz de otro infante que parece sollozar. La oirá repetida dos veces (Cod. 11-2).

Cod. 11-2

También resulta más sencillo realizar mediciones de campos geomagnéticos, aunque en este caso presenta un pequeño inconveniente, y es que, como ya habíamos dicho, las fuentes de electricidad pueden alterar los valores de su entorno y hacer que nuestras mediciones no sean del todo fiables. Aun así, como en todos los ámbitos, la propia práctica con nuestro medidor nos hará cometer cada vez menos errores.

Investigar en estos enclaves es realmente fascinante. Casi siempre son edificios reciclados, que han tenido distintas vidas, y en los que ha podido ocurrir cualquier cosa. Poder pasar una noche en ellos, sin más elementos que nuestros equipos, compañeros y las ganas de descubrir algo, es sin duda una gran experiencia. Conseguir resultados con los que trabajar, pensar, reflexionar y analizarlos, nuestro mayor deseo. Bucear entre sus archivos y documentos tras la investigación y encontrar coincidencias y enlaces entre la historia escrita y los fenómenos paranormales del presente no ocurre siempre, pero cuando sucede, nos acerca más al origen del Misterio.

DOMICILIOS PARTICULARES

En los lugares abandonados podemos experimentar situaciones insólitas; en edificios normalmente concurridos y marcados por el Misterio encontraremos decenas de testimonios y pistas que nos ayudarán. Pero en lo que respecta a llevar a cabo una investigación en un domicilio particular, nuestro trabajo adquiere una dimensión especial. A lo largo de esta obra he mantenido que las personas somos parte esencial en el desarrollo de un fenómeno paranormal. De alguna forma que desconocemos por completo, somos una especie de catalizador o un canal a través del cual la causa paranormal penetra en nuestra realidad. Todo esto puede tener que ver en gran parte con nuestras propias facultades mentales, la mayor o menor sensibilidad para atraer o percibir estos fenómenos, o nuestra sola presencia de forma continua en la vivienda. Esto convierte a quien vive situaciones anómalas en su hogar en un testigo de excepción, porque podemos encontrar en esa persona un auténtico portal al otro lado.

El autor y José Manuel Morales durante la
investigación en un domicilio particular.

Durante el capítulo dedicado a cómo entrevistar a un testigo, hacía hincapié en la necesidad de guardar un máximo respeto y siempre el beneficio de la duda hacia la persona que nos está confiando su testimonio. Esto es extremadamente necesario cuando lo que sucede tiene lugar en su vivienda, porque no solo nos está confiando sus vivencias más personales y que le pueden estar atormentando, sino que nos está abriendo la puerta de su hogar, permitiendo que invadamos su intimidad, en pos de un bien mayor, que es averiguar lo que está pasando realmente. Y aunque en más de una ocasión nos llevemos una desagradable sorpresa si llegamos a descubrir un engaño, creo que estas investigaciones son las más valiosas. Porque son íntimas, cercanas, directas y, casi siempre, desbordan honestidad. Por tanto, es nuestra responsabilidad actuar de forma que transmitamos seguridad e interés por averiguar lo sucedido. No podemos fallar a los testigos realizando una investigación que carezca de un mínimo de rigor y buenas intenciones. Y mucho menos debemos comprometer a esa persona si solo buscamos más notoriedad y visitas en nuestros videos *online*. Detrás de todo lo que hagamos hay una familia que, pase lo que pase en la investigación, ya no verá de la misma forma lo que ocurre en su hogar, y es nuestro deber conseguir que ese cambio de sensaciones sea a mejor.

Ante todo debemos ser conscientes de que estos testigos nos regalan la oportunidad de ponernos en su piel, sentir lo que ellos están sintiendo en su día a día, compartir sus experiencias. Y lo más maravilloso de todo este asunto es que, ese testigo, sin saberlo, se convierte en el centro de toda la investigación, demostrándonos aquello en lo que tanto insisto: que los fenómenos paranormales no son autónomos ni independientes, sino que, cuando se manifiestan, lo hacen por algún motivo, y parecen acercarse a la persona correcta para ser canalizados. ¿Ha olvidado ya el caso de la niña que dijo a mi grabadora que no se iba a ir? Espero que no, ha llegado el momento de que sepa qué sucedió. Permítame que se lo cuente.

EL CASO PERFECTO II: SU MUNDO
A TRAVÉS DEL NUESTRO

Una vez que fuimos conscientes de la importancia de haber captado aquella voz infantil en el domicilio de Marian Reyes, decidimos realizar una investigación más pormenorizada. Mis compañeros, José Manuel Morales, su esposa Julia y yo, volvimos pocos días después a la vivienda. Tiempo atrás, Marian nos había facilitado un curioso video que ella misma grabó con su teléfono móvil en su casa, en el que podía apreciarse una luz de un color azulado saliendo de una habitación. No conseguimos determinar si era una simple mota de polvo o un auténtico orbe, pero merece la pena resaltarlo. En el siguiente código podrá visionar el video, primero a velocidad normal y luego reducida, para poder apreciar mejor esa esfera azul que abandona la estancia (Cod. 11-3).

Cod. 11-3

En esta ocasión, volvimos cargados con varias grabadoras, cámara de video, la Spirit Box, medidores y detectores. Hicimos varias pruebas fotográficas y en video, insistiendo en lugares específicos, como en los que Marian aseguraba haber presenciado fenómenos extraños, o donde grabó aquel orbe. También realizamos pruebas con la Spirit Box, en este caso sin resultados. Y, de una forma más extensa, grabaciones de psicofonías. Gracias a la tranquilidad del lugar pudimos realizar varias pruebas de forma controlada, en las que participamos todos los presentes. José Manuel, Julia, Marian, su marido y yo realizábamos preguntas al aire con el anhelo de volver a escuchar la voz de aquella niña, o conseguir cualquier pista que nos ayudase a comprender qué estaba ocurriendo allí. La investigación transcurrió con normalidad. Nadie sintió ni escuchó nada, aunque sí observé que de nuevo Marian se encontraba inquieta, algo la estaba atosigando. Y como ya sabía lo que era, no hizo falta preguntarle. Pero sí me convencí de que aquel caso no era un caso cualquiera, y debíamos a esa familia una conclusión.

Al día siguiente realizamos los pertinentes análisis de las fotografías y videos y, por supuesto, de las grabaciones de voz. Tomó más tiempo esta vez, ya que los registros eran bastante más largos, pero, obviando otros posibles ruidos extraños, de nuevo lo imposible se había manifestado en aquella casa. Durante una de las sesiones, mi compañera Julia preguntaba a aquella niña por qué no se encontraba con su mamá. A lo que, en cuestión de pocos segundos, una voz que parecía femenina, aunque robótica y sin apenas entonación, parecía responder a su pregunta pronunciando la palabra «muralla». Aquella inclusión, si bien no era tan clara como la otra en la que la niña decía «¡No me voy!», reunía también las características que hemos aprendido a observar en cuanto a las voces paranormales. En el siguiente código podrá escucharla tres veces (Cod. 11-4).

Cod. 11-4

¿Qué quería decirnos? ¿Por qué hablaba de una muralla? Una vez templada la emoción del momento, nos dimos cuenta de que si había algo que caracterizaba esta investigación era que tanto la testigo como las psicofonías nos estaban aportando información muy concreta; y, por tanto, susceptible de ser corroborada. De modo que el siguiente paso natural era comprobar si toda la información que manejábamos era tan solo un batiburrillo de datos incompletos, o si la unión de todos daría como resultado una historia. Un suceso de otro tiempo que explicara lo que sucedía en esa vivienda. Lo hicimos. Y lo que encontramos fue lo que realmente cambió mi visión sobre el caso, y de lo paranormal en general. Solo hacía falta conceder un poco de credibilidad a lo que estaba ocurriendo, y utilizar los elementos que manejábamos para encontrarnos con un viejo papel que ataría por sí solo todos los cabos.

Y es que la búsqueda de información y documentos es importante siempre, porque aunque a veces no hallemos una relación entre un hecho paranormal y un suceso del pasado, en otras ocasiones acaba siendo la explicación más coherente. Así que aprenderemos en un capítulo posterior la importancia de la búsqueda de la información, cómo hacerlo de forma productiva y terminaré por desvelarles el resultado de aquella investigación. Le puedo asegurar que, después de conocer lo que encontramos, tampoco pensará igual sobre ciertos asuntos.

El investigador José Manuel Morales y el autor, realizando pruebas en el domicilio de Marian Reyes.

CAPÍTULO XII

EXPERIMENTACIÓN EN LABORATORIO

NUESTRO PEQUEÑO MUNDO

Puede que al leer el título de este nuevo capítulo le haya llamado la atención la palabra «laboratorio». ¿Cómo experimentamos con los fenómenos paranormales en un laboratorio? No se preocupe, no estamos hablando de la necesidad de utilizar un laboratorio lleno de aparatos y probetas para realizar nuestro trabajo. De hecho, cuando me refiero a un laboratorio lo hago de una forma especial, dándole un nuevo significado. ¿Recuerda que la parapsicología no se considera una ciencia? ¿Y recuerda por qué motivos? Exacto, mientras no seamos capaces de estudiar y reproducir los fenómenos paranormales tal y como lo hace la ciencia, no existirá un laboratorio destinado a la observación de estos fenómenos. Pero eso no implica que no podamos emplear, siempre que sea posible, el método científico y, en base a eso, construir nuestro propio «laboratorio».

Piense por un momento: ¿Dónde tiene pensado analizar las grabaciones que realice en sus investigaciones? ¿Y las fotografías o videos? ¿Y la búsqueda de información? ¿Dónde se sentará a redactar un informe acerca de la investigación? Supongo que delante de un ordenador. Su ordenador estará sobre un escritorio, normalmente en un lugar de su vivienda relativamente tranquilo y apartado. Pues le propongo convertir ese rincón especial en su santuario. Un lugar en el que no solo trabajar delante del ordenador desentrañando misterios, sino también poder experimentarlos. Cuando afirmaba que es potencialmente posible captar cualquier fenómeno en cualquier lugar, lo decía en el sentido más literal. Si le resulta un tanto descabellada la idea de grabar una psicofonía dentro de su propio hogar, me gustaría pedirle que reflexione acerca de ello. Muchos de los experimentadores que han dado forma a los métodos de investigación paranormal, con los que hoy en día seguimos asombrándonos, trabajaban en su propia casa. Friedrich Jürgenson, Konstantine Raudive, Germán de Argumosa, y tantos otros, invertían largas horas rodeados de aparatos electrónicos en una habitación de su vivienda para captar, observar y mejorar aquellos contactos de voz con otras realidades. Klaus Schreiber, Sinesio Darnell, José Garrido o Alfonso Galeano, harían lo propio en lo que a captación de psicoimágenes se refiere en los lugares más íntimos. También Steve Huff o Raúl López aprenderían cosas increíbles sobre la Spirit Box ubicados en su espacio personal. Y, muy probablemente, sin todos aquellos experimentos realizados en el propio domicilio del experimentador, no tendríamos las herramientas y métodos que hemos descrito en este manual, sin los cuales la investigación de lo insólito quedaría en una mera anécdota que se puede creer, o no. En contra de lo que a veces se piensa, ninguno de ellos ha sufrido consecuencia negativa alguna durante sus experimentos, por lo que no hay motivos para apoyar la extendida creencia que se puede resumir en un refrán popular: «Quien juega con fuego acaba quemándose». Si realmente, y ya lo he manifestado de la forma más enérgica que soy capaz, el propio experimentador juega un papel importante en el desarrollo del fenómeno paranormal, nuestra actitud ante la experimentación va a ser determinante en cuanto a los resultados que obtengamos.

Es perfectamente comprensible que, durante las primeras experimentaciones en su hogar, tenga cierta inquietud, pero con el tiempo se dará cuenta de que tan solo son temores infundados; en cambio, esta práctica nos hará crecer como investigadores y experimentadores. No se deje llevar por un sobresalto, una mala emoción, ni tampoco se obsesione. Si, al igual que puede ocurrir en una investigación de campo, en algún momento siente cierto desasosiego, simplemente deténgase. Tómese el tiempo necesario para relajarse, ya sea una hora o un mes, y cuando perciba que es capaz de volver al trabajo, hágalo con más fuerza y convicción que antes. Los resultados positivos llegarán.

Habrá percibido que he realizado una distinción entre un investigador y un experimentador. La costumbre nos dice que un investigador es aquel que sigue la pista del fenómeno, acudiendo al lugar en el que sucede, entrevistando a los testigos, tratando de obtener pruebas de los acontecimientos y, más tarde, documentando todo aquello que haya descubierto y resulte de interés. Entendemos por experimentador a quien, en lugar de salir a buscar el fenómeno donde otros le señalan que tiene lugar, parte de su convicción acerca de que los fenómenos extraños no están necesariamente atados a un enclave concreto, y vuelca su trabajo en investigar en su laboratorio, y con todo lo que tiene a su alcance, aquellos sucesos susceptibles de ser captados, sobre todo en el campo de la Transcomunicación Instrumental. Pero dejemos claro que estos dos términos no son excluyentes. Podemos ser investigadores y experimentadores al mismo tiempo, el único límite lo pondrá usted en función de sus intereses, tiempo y material del que disponga.

Ahora vamos a diseñar un espacio de trabajo para la experimentación. Nuestro pequeño santuario. Un lugar destinado a encontrarse con lo desconocido. Para ello, elegiremos una habitación, un garaje o cualquier lugar al que tengamos libre acceso y preferiblemente no compartido, en el que dispongamos de iluminación y tomas de electricidad. En ese espacio podemos analizar las pruebas de nuestras investigaciones de campo, rebuscar información clave para nuestro trabajo, y también experimentar. Al no existir mayor condicionante que el tiempo del que usted dispone, podemos realizar cuantas pruebas queramos, mejorando nuestra forma de manejar los aparatos utilizados en las investigaciones. Es un lugar idóneo para captar psicofonías, bien sea en silencio o utilizando las variantes descritas anteriormente, como, por ejemplo, la utilización de ruido blanco. También podemos experimentar con la Spirit Box, y seguramente los resultados nos asombrarán. Y también, esta zona tan íntima es perfecta para la experimentación en transradio y psicoimágenes. Pero en primer lugar, pasemos a enumerar los elementos que pueden estar en nuestro pequeño laboratorio.

En el lugar que hayamos elegido es totalmente necesario el acceso a la electricidad, y suficiente espacio para poder colocar los aparatos que utilizaremos. Tendremos instalado sobre una mesa un ordenador personal con el que podemos grabar las sesiones de experimentación y procesar las pruebas. Nuestra grabadora de sonido, siempre a mano. Una Spirit Box con un altavoz externo o, si lo prefiere, conectada al ordenador, pero audible durante la experimentación en cualquier caso. También una radio, una televisión y una cámara de video. Procuraremos tener a nuestra disposición todos los cables necesarios para realizar las conexiones pertinentes entre nuestros aparatos y el ordenador de trabajo. Papel y bolígrafo, para tomar todo tipo de notas que considere necesarias. Y otro elemento muy importante, una fuente de luz que podamos mover y manejar. ¿Para qué? En breve lo descubriremos.

Estudio de experimentación y análisis del autor.

Y ahora sí, con todo bien dispuesto y accesible, tenemos nuestro pequeño laboratorio. Estoy seguro de que si opta por la experimentación y esta se extiende en el tiempo de una forma regular, su laboratorio cambiará en cuanto a sus elementos. Yo solo puedo ofrecerle una descripción básica de lo que se puede utilizar, pero su propia experiencia le dará las directrices para mejorar la experimentación que lleve a cabo. En este momento, nos sentamos frente al espacio de trabajo y empezamos a experimentar. Abra su mente y permítase la licencia de pensar que usted también puede hacerlo, porque sobre los métodos que vamos a conocer a continuación se ha hablado poco, y menos aún como pretendo mostrarlos. Pero, y sin embargo, junto a las psicofonías, son los fenómenos más impactantes que en mi opinión vamos a conseguir capturar.

EL CONTACTO POR RADIO

Contacto. Esto ya no es un fenómeno psicofónico tal y como lo entendemos. No se trata de grabar, reproducir y analizar si alguna voz paranormal se ha entrometido en nuestra grabadora. Se trata de un contacto directo y bidireccional, que nos permitiría establecer conversaciones con entidades que debemos presumir inteligentes. Es un fenómeno al que pocos se han conseguido acercar, porque requiere de una especial dedicación y preparación previa. Pero aquellos que han podido hablar con voces que salían despedidas del altavoz de una radio han quedado marcados para siempre, y nos han enseñado que hay mucho más que descubrir de lo que pensamos.

En la experimentación con radio, también llamada transradio, necesitamos un elemento clave, que obviamente es una radio. Pero, ¿qué tipo de radio? Esto es muy difícil de definir, ya que aquellos transcomunicadores que han conseguido grandes resultados han utilizado aparatos de lo más variopinto. Marcello Bacci, sin duda el mayor experimentador sobre radio de todos los tiempos, utilizaba preferentemente una antigua y enorme radio de válvulas. Friedrich Jürgenson usaba radios de transistores. Anabela Cardoso, otro referente en la Transcomunicación Instrumental, se decanta por el uso de una radio digital por ser la que más se ajusta a sus resultados. Esto nos hace pensar que el fenómeno del contacto no está tan condicionado por las características del aparato como por el propio experimentador. Si aceptamos que nosotros mismos, con nuestra forma de entender los fenómenos y nuestra férrea voluntad por vivirlos, somos de alguna manera el detonante para que ocurra lo imposible, los instrumentos que utilicemos serán una mera herramienta, por lo que en un principio el transistor que hayamos elegido no tiene por qué ser poco apropiado. Lo único importante en este aspecto es que esté en buenas condiciones de funcionamiento y sea capaz de sintonizar todas las bandas de emisión posibles. Con estas premisas, ya puede experimentar. Aun así, conozcamos a grandes rasgos los tipos de radios utilizables y sus características. Podemos establecer tres grupos:

— RADIO DE VÁLVULAS. Funciona con la antigua tecnología analógica de tubos de vacío. Generalmente, son aparatos voluminosos y, por su antigüedad, muy susceptibles de sufrir todo tipo de averías. Además, adquirir una radio de válvulas en perfecto funcionamiento es costoso. A pesar de ello, este tipo de aparatos ofrece un funcionamiento totalmente fiable y nos permite sintonizar frecuencias con relativo acierto.

— RADIO DE TRANSISTORES. El siguiente avance tecnológico tras las de válvulas. Son radios analógicas más pequeñas y manejables que también reúnen, en muchos casos, las características necesarias para la experimentación. Adquirir una radio de este tipo resulta mucho más económico que las anteriores, y técnicamente podría decirse que no hay motivo para pensar que no sean apropiadas.

— RADIO DIGITAL. Más moderna, también compacta. Al contrario que las analógicas, la sintonización de una frecuencia se lleva a cabo mediante un sistema digital. Esto permite mayor precisión a la hora de captar una frecuencia concreta, pero resulta imposible lograr otros rangos de frecuencia que se encuentren entre un valor ajustable y el siguiente. Si, por ejemplo, sintonizamos una radio digital en FM en la frecuencia 96.5 MHz y el siguiente paso en el escaneo es 96.6 MHz, hay un intervalo de 0,1 MHz que nos será imposible captar. No es tampoco un valor muy importante, pero se puede tener en cuenta a la hora de elegir nuestra radio.

En mi caso he tenido la oportunidad de experimentar con los tres tipos de radio descritos, y acabé decantándome por la radio analógica de transistores, simplemente porque me pareció la que más se ajustaba a mi método de experimentación.

El autor realizando experimentos de Transcomunicación
Instrumental a través de la radio.

¿Cómo experimentamos con el método transradio? Es tan sencillo como complejo. Esta dualidad hace del método transradio algo apasionante, pero que pondrá a prueba nuestra paciencia, ya que, como señalaba anteriormente, pocas personas han conseguido comunicarse con aquellas entidades a través de la radio. Y aunque lo hayan hecho de diferentes maneras, tienen un nexo común: creían firmemente en el fenómeno. Esto nos lleva a pensar que si nosotros no creemos que esto sea posible, quizá nunca ocurra. Por este motivo, aunque pretendemos que nuestra investigación sea seria y rigurosa, debemos guardar esa pequeña convicción de que, tarde o temprano, sucederá. Es muy importante.

Conectada nuestra radio, en un principio no sabremos qué frecuencia sintonizar para comenzar nuestra experimentación. La premisa es que debemos buscar frecuencias libres de emisión que emitan ese ruido blanco característico que ya hemos definido. A partir de ahí podemos empezar a guiarnos por los resultados de otros. Marcello Bacci y Anabela Cardoso utilizaban la Onda Corta, Jürgenson la banda AM, y otros se decantaron por la FM. Procuraremos por tanto que nuestra radio pueda trabajar principalmente en esas tres bandas. La banda y frecuencia más apropiadas son imposibles de definir. Solo podemos actuar probando en diferentes frecuencias, hasta ir encontrando algo que nos haga saber que estamos en el camino correcto. Le describiré este proceso con mi experiencia personal.

En agosto de 2013 centré gran parte de mi experimentación en el método transradio. Durante días estuve sentado frente a mi radio. Había elegido la banda OC (Onda Corta, SW o *Short Wave* en inglés, como la encontrará denominada en algunas radios) simplemente por haber sido la más prolífica para otros experimentadores. Mientras escuchaba ruido blanco no dejaba de hacer preguntas con la esperanza de que alguien me contestara a través del altavoz, pero nada ocurría. Cierto día, un poco saturado por las horas invertidas sin resultado alguno, decidí dejar de lado la radio por un rato y tratar de captar una psicofonía que me ayudara de alguna forma, recordando

Cod. 12-1

los inicios de los grandes experimentadores. En la tranquilidad de mi laboratorio, estuve realizando preguntas relacionadas con el método transradio delante de mi grabadora; y, en un análisis posterior, parecía haber obtenido la respuesta a una de ellas. Cuando pregunté a las supuestas entidades cuál era la frecuencia más apropiada, una voz lejana, que parecía de mujer, dijo «Siete». Procedamos en primer lugar a escuchar esa psicofonía (Cod. 12-1).

Haber obtenido este resultado me dio de nuevo fuerzas para seguir experimentando. El número siete tendría su significado en cuanto a lo que estaba haciendo, ya que podría estar indicando una frecuencia de la OC sobre la que trabajaba. Rápidamente, conecté de nuevo la radio y moví el dial hasta ajustarlo a la frecuencia de 7 MHz. Hasta ahora, había insistido sintonizando frecuencias más altas, pero al detener la rueda justo en el siete, no tardé en notar que había algo extraño en el sonido. En pocos minutos el ruido blanco habitual de esa frecuencia se empezó a apagar, dejando paso a un sonido que no es fácil de explicar, y que duró varios minutos para luego desaparecer. Un vaivén de vibraciones sonoras graves que solo fui capaz de captar aquella vez, pero me hicieron comprender que debía seguir experimentando. Escuche ahora con atención el enigmático zumbido que aquel día me noqueó por completo (Cod. 12-2).

Cod. 12-2

Cod. 12-3

Con cierto nerviosismo, insistí una y mil veces. Preguntaba a aquellas entidades si querían dejarme algún mensaje. Les pedía que se manifestaran, que me hablaran. Finalmente, esa modulación extraña del sonido comenzó a desaparecer pasados unos minutos, y no conseguí provocar su reaparición. Ninguna voz se manifestó en la radio, pero en absoluto considero esto un fracaso. Todo lo contrario, porque acababa de presenciar algo inexplicable gracias a una psicofonía, y que tenía mucho más sentido del que pueda parecer. ¿Sabe por qué? Marcello Bacci, el gran transcomunicador, solía sintonizar en su vieja radio frecuencias que rondaban los 7 MHz. Y en sus sesiones públicas de experimentación, siempre aparecía un sonido muy característico que antecedía a las voces.

Una extraña modulación en el sonido que significaba el aviso de que pronto iban a llegar. He tenido la fortuna de conseguir una grabación inédita del sonido que le describo, y guarda un asombroso parecido en cuanto a sus características con aquel que yo mismo pude captar. Escuche atentamente y recuerde lo que ha escuchado en el audio anterior (Cod. 12-3).

Aunque aún no he conseguido establecer un contacto directo con estas inteligencias de procedencia desconocida a través de la radio, no he perdido ni un ápice de mi convencimiento en que, tarde o temprano, ocurrirá. Solo depende de nosotros, de la capacidad que tengamos de dirigir nuestra energía y pensamiento hacia el fenómeno, y de aplicar una constancia a nuestro método. No sé cuándo, pero estoy completamente seguro de que sucederá. Mientras tanto, atornillaremos en nuestra mente el convencimiento de que esa extraordinaria comunicación ya tuvo lugar, en diferentes idiomas, y con un contenido espiritual por encima del que cualquiera es capaz de entender, gracias a Bacci (Cod. 12-4).

Cod. 12-4

CÓMO CAPTURAR UNA PSICOIMAGEN

Habiendo conocido el origen de las psicoimágenes, y cómo diversos experimentadores las han obtenido, ya podemos ocuparnos de los métodos que nos van a permitir adentrarnos en este fenómeno tan sobresaliente. Recordemos que se trata de capturar imágenes en la pantalla de un televisor o monitor. Imágenes que no corresponden a nada conocido, en su mayoría rostros, que aparecen de la nada y parecen querer observarnos tanto como nosotros a ellas. Si decide optar por esta vía de la experimentación, no le quepa duda de que su primer resultado le va a romper completamente los esquemas. Pero este fenómeno es muy susceptible de ser confundido con una pareidolia visual, y también debemos proteger nuestra experimentación de las emisiones espúreas de televisión, interferencias que podrían provocar por un instante una imagen real que podríamos confundir con algo paranormal.

Aunque, como pudimos conocer en su capítulo correspondiente, existen varios métodos para capturar una psicoimagen, nos vamos a centrar en el que considero más fiable hasta el momento. Algunos investigadores han obtenido psicoimágenes simplemente grabando con su videocámara la pantalla de televisor con aquel nostálgico efecto nieve. En el caso del grupo Más Allá, consiguieron espectaculares imágenes configurando la televisión en un canal vacío, aunque todo aquel fenómeno sin igual tuvo un trabajo de preparación mental previo más enfocado a la espiritualidad que a una experimentación objetiva. Por lo tanto, el sistema en el que vamos a ahondar es el conocido como método Schreiber.

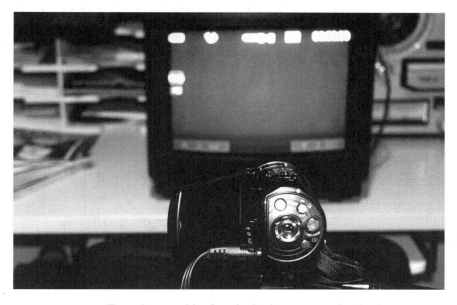

Experimentación de psicoimágenes con el método
Schreiber, enfrentando la cámara al televisor y creando
un circuito de retroalimentación de la imagen.

Técnicamente necesitaremos un televisor analógico (si lo desea puede experimentar con una televisión plana moderna, pero los estudios más serios sobre el fenómeno sugieren que los antiguos televisores de tubo son los ideales para esta práctica), una cámara de video, un cable con el que poder conectar la cámara a la televisión, una lámpara con la que iluminar la pantalla y un ordenador con el que analizar, posteriormente, las imágenes. Este método se basa en la retroalimentación de la imagen, consiguiendo que lo que la cámara capta en la pantalla, a su vez, se visione en la misma. El proceso es similar al de enfrentar dos espejos, obteniendo un «efecto túnel» en el que, de forma infinita, vamos a ver reflejada la misma imagen. La ejecución es sencilla: basta con conectar la salida de video de nuestra videocámara a la entrada de video de nuestro televisor. En el siguiente esquema, extraído del informe elaborado por José Garrido y Alfonso Galeano sobre su experimentación, podemos ver cuál es la colocación correcta de los elementos, con la salvedad de que hoy en día, gracias a las videocámaras digitales, podemos prescindir de un video VHS, ya que podemos enviar imagen de la cámara al televisor directamente, al tiempo que todo el proceso se está grabando en la tarjeta de memoria.

ESQUEMA DE LA POSICIÓN BÁSICA DE CÓMO HAN DE SITUARSE LOS APARATOS PARA LA EXPERIMENTACIÓN EN TRANSVIDEOCOMUNICACIÓN, SOBRE TODO, EN LO QUE CONCIERNE A LA CÁMARA DE VÍDEO, SOPORTES LUMINOSOS, MAGNETOSCOPIO Y MONITOR DE TELEVISIÓN.

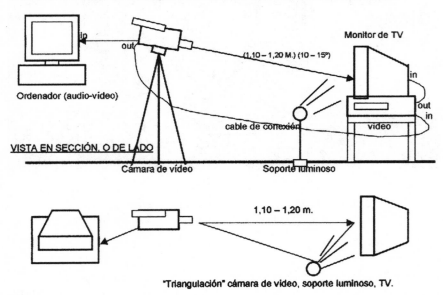

Esquema del método de retroalimentación mejorado por los experimentadores José Garrido y Alfonso Galeano. Facilitado por José Garrido.

198

Este método, que conforma un circuito cerrado de televisión, elimina la posibilidad de aparición de emisiones interferentes, ya que el sintonizador de canales del televisor no interfiere en el funcionamiento de la imagen. Encendemos los instrumentos, seleccionamos la entrada AV de la televisión, y enfrentamos el objetivo de la videocámara hacia la pantalla, manejando el *zoom* hasta que consigamos que lo que el objetivo capta sea solo el cristal del televisor. Pronto observaremos ese «efecto túnel». En el siguiente video puede comprobar este curioso efecto, en el que comprobará que una sola fuente de luz se multiplica en varias en la pantalla, debido a ese efecto de retroalimentación (Cod. 12-5).

Cod. 12-5

Una vez conseguido ese efecto, comienza el proceso de experimentación. En este caso, consiste en grabar todo el proceso y luego, con un programa informático de edición de video, analizar con detenimiento cada fotograma de lo que se ha registrado. Debido a la fluctuación que provoca el propio funcionamiento de la retroalimentación, y también la luz que estemos utilizando, la imagen no será constante; tanto es así que, normalmente, va a resultar imposible ver en tiempo real si ha aparecido alguna forma reconocible en la pantalla. Por ese motivo, tenemos que revisar cada fotograma de la grabación. Esto significa que, teniendo en cuenta que en Europa impera el sistema de video PAL, la pantalla del televisor ofrecerá 25 imágenes por segundo. De ese modo, si grabamos durante un minuto, tendremos que visionar un mínimo de 1.500 fotogramas. Es mucho trabajo, por lo que recomiendo que en un principio se realicen grabaciones de video de no más de diez o quince segundos, y más adelante decidiremos según los resultados si es viable o no alargar en el tiempo las grabaciones y los análisis.

Durante mis experimentos con la psicoimagen en pocas ocasiones he podido obtener una imagen dudosa; pero, como siempre mantengo, hemos de ser insistentes. El fenómeno no aparece cuando nosotros lo decidamos, sino cuando debe ocurrir. No obstante, quiero compartir con usted una de las imágenes más controvertidas que con este método de retroalimentación he podido obtener. Aunque es posible que se trate de una simple pareidolia, después de obtener esta imagen la mostré a todas las personas que pude para saber qué creían ver, y un alto porcentaje de ellas coincidió en ver lo mismo que yo. Primero le muestro la imagen, para no condicionarle, y a continuación le detallaré lo que creo ver en ella.

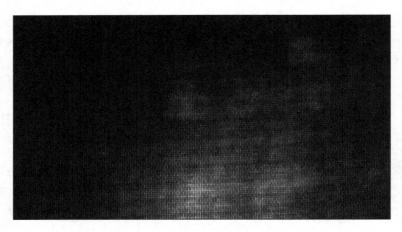

Imagen obtenida por el autor durante una experimentación.

En esta imagen creo ver tres caras relativamente defini-das. Las dos que están en los lados parecen estar de soslayo, mirando ligeramente hacia nuestra izquierda, mientras que la central parece estar completamente de frente. Parecen serias, casi inexpresivas, como si estuvieran congeladas o concentra-das en algo. Es posible que haya visto tres rostros. Eso fue lo que me pareció desde un principio, y aunque no todos aquellos que la han visto me han dado la misma respuesta, la mayoría coinciden en ver lo mismo. No es una imagen lo suficiente-mente resolutiva como para afirmar que no sea una pareidolia, aunque bastante curiosa. Para mí, constituye una muestra de que podría estar en el buen camino, y con el tiempo y mejo-rando la técnica, los resultados pueden llegar.

Algunos experimentadores fueron incorporando mejoras en el método Schreiber, según desarrollaban su experimenta-ción. Es el caso de Sinesio Darnell, quien utilizaba en ocasio-nes una luz distinta a la de una bombilla normal. Mantenía que, si durante el proceso usaba una luz infrarroja, las psicoimágenes que obtenía eran poco amables, un tanto desagradables, y no despertaban buenas sensaciones. Y, sin embargo, si utilizaba una luz ultravioleta, las imágenes eran pacíficas, las caras que obtenían incluso sonreían y miraban con dulzura. Esto puede no tener mucho sentido, pero recordemos que la luz, al igual que el sonido, por ejemplo, también tiene sus propias frecuencias. De hecho, las luces ultravioleta e infrarroja constituyen el umbral superior e inferior de la visión humana, respectivamente; es decir, la luz ultravioleta es la de mayor frecuencia que podemos ver, y la infrarroja la de menor frecuencia también visible. ¿Podría ser que esos umbrales inspiraran a Darnell para que llegara a la conclusión de que estas imágenes paranormales estuvieran en el límite de lo que capta nuestra vista y se hicieran visibles solo aplicando esas luces especiales? Para él esa podría ser la respuesta, y sus resultados parecieron acompañarle.

El salto cualitativo, algo que ya relataba en el capítulo dedicado a conocer el concepto de psicoimagen, lo consiguieron los investigadores José Garrido y Alfonso Galeano. Después de meses de pruebas, se dieron cuenta de que si la luz enfocada a la pantalla se colocaba en una posición concreta, la fluctuación de la imagen provocada por el efecto de retroalimentación se ralentizaba hasta detenerse, y la consecuencia directa de este hallazgo era que aquellos rostros que aparecían en la pantalla no había que buscarlos entre fotogramas, sino que quedaban congelados y podían observarse directamente. En el esquema anterior podemos observar las indicaciones de colocación de la cámara y la fuente de luz, tales como la distancia y el enfoque, que ellos

Cod. 12-6

mismos concluyeron que eran las óptimas, de modo que nos podemos servir de estas instrucciones cuando experimentemos con la psicoimagen. Quizá algún día consigamos «congelar» algo que nos observa, tal y como lo hicieron ellos. Observe en el siguiente video uno de sus sorprendentes resultados. Podrá contemplar en el centro de la imagen lo que parece un rostro humano, e incluso su cuello, hombros y pecho, como si se tratase de un busto, que se mantiene en la pantalla durante segundos (Cod. 12-6).

Es tan solo una muestra de todos sus resultados. Habían demostrado mediante el uso objetivo de los aparatos y la aplicación de fórmulas matemáticas cómo se formaban esas caras, y la duda que quedaba por resolver era su origen. El problema llegó cuando presentaron su planteamiento científico a las corrientes más espiritistas, que no dudaron en menospreciar este trabajo tan metódico por el simple hecho de que explicaba algo de forma racional, centrándose en el cómo más que en el por qué, cuando la corriente de pensamiento de la mayoría de los experimentadores de esa época no estaba tan preocupada por ese cómo, y sí por afirmar que el porqué era una causa trascendental, un Más Allá. Por fortuna, sus trabajos no cayeron en el olvido, y espero que este pequeño capítulo sirva para que otros continúen con una metodología que considero más que acertada.

Ha sido capaz de llegar hasta aquí. Eso significa que realmente ha tenido en cuenta la información que he querido aportar en este manual. Nada me alegraría más que saber que he contribuido con mi pequeño grano de arena, despertando en usted una sana inquietud por investigar lo paranormal y seguir la huella del Misterio. Pero no todo es conseguir posibles pruebas de hechos inexplicables, aún nos quedan pasos por recorrer. ¿Qué podemos hacer con lo que obtengamos? Primero le diré lo que no podemos hacer: guardarlo en un baúl bajo llave. Por un lado, hay veces en las que un documento, un viejo legajo o un periódico olvidado, son capaces de arrojar luz acerca de lo que hemos vivido. Y por otro, el interés colectivo es una herramienta imprescindible para la búsqueda de respuestas, de modo que si contamos lo que hemos descubierto, otros nos complementarán. ¡Y de qué manera! Lo descubriremos en las siguientes páginas. Avancemos hacia el final.

CAPÍTULO XIII

INTERPRETACIÓN DE LOS RESULTADOS

EL PODER DE LA INFORMACIÓN

No ocurre siempre. En muchas ocasiones, el intento de relacionar un fenómeno paranormal del que hemos sido testigos, o tenemos conocimiento, con un hecho del pasado acaba en agua de borrajas. La teoría sobre las casas encantadas apunta a que los fenómenos extraños que acontecen en un lugar de este tipo guardan una estrecha relación con la propia historia del inmueble. Es una creencia bastante extendida. Aunque no siempre sea posible establecer esa conexión, en ocasiones sucede.

En aquel lugar donde hemos captado una psicofonía, o hemos obtenido alguna prueba que nos aporte un dato que nos permita investigar, podemos acudir a distintas fuentes de información para conocer si lo que estamos investigando tiene que ver con algo que ya pasó. Hoy en día el acceso a la información es inmenso. Incluso desde casa podemos acceder a grandes archivos históricos de hemerotecas e infinidad de documentos. También disponemos de una tremenda red de bibliotecas públicas por toda la geografía española, aunque solemos olvidarlo, y archivos históricos en todas partes, que nos pueden ayudar a intentar construir un nexo entre los hechos y los fenómenos.

La investigación en el Instituto Aguilar y Eslava de Cabra, población cordobesa, en la que participaron el Grupo Hepta y Córdoba Misteriosa, dejó varios frentes abiertos aquella noche. Uno de los principales era el referente a la sesión de mediumnidad que llevaron a cabo los sensitivos Paloma Navarrete y Aldo Linares. ¿Recuerda la psicofonía captada en video en la biblioteca de este instituto? Casualidad o no, decidieron que ese era el lugar correcto para comenzar aquella sesión. Hubo de todo, pero, entre tanto, describieron una presencia muy peculiar. La de un hombre bastante corpulento, vestido con una toga clerical, que parecía estar bastante nervioso y asustado. Aquella entidad con la que ambos médiums se estaban comunicando les relataba que tenía miedo de los estudiantes porque querían venganza, por lo que dedujimos que algo pudo haberles hecho. Pero elucubraciones aparte, aquel cura con el que contactaron los dos sensitivos de una forma tan peculiar dijo su nombre. Se llamaba Francisco, el Padre Francisco. También, al ser preguntado por el año en el que se encontraba, respondió en 1923. Hubo otros datos, pero no excesivamente concretos y útiles, y el contacto acabó sin más.

Los sensitivos Aldo Linares y Paloma Navarrete, realizando una sesión mediúmnica en la biblioteca del instituto Aguilar y Eslava de Cabra, Córdoba.

Al día siguiente, movido por la curiosidad, comencé a buscar información para tratar de corroborar lo que Paloma y Aldo habían visto; y, para mi sorpresa, hallé algo. Una breve biografía de una persona destacada de finales del siglo XIX y principios del XX que había tenido una estrecha relación con aquel instituto. Un clérigo que cursó sus estudios allí, y de alguna forma mantuvo relación a lo largo de su vida con el centro educativo. Su nombre era Don Francisco Ruiz Gil, conocido como el Padre Francisco. Una fotografía acompañaba a su biografía.

Don Francisco Ruiz Gil, antiguo alumno del instituto
Aguilar y Eslava de Cabra, Córdoba.

Pensé que sería una buena idea mostrar esa fotografía a Paloma Navarrete, quien lo habría visto en su sesión mediúmnica. Aquella tarde nos encontrábamos todos reunidos en una cafetería, intercambiando impresiones sobre lo vivido en la noche anterior, me acerqué a Paloma y le enseñé la foto que había encontrado mientras le preguntaba: «¿Te suena este hombre?». A Paloma le cambió la expresión del rostro, muy serio de repente, y me dijo: «Claro, ese es el que vimos anoche». En ese momento revelé la identidad de aquel hombre, así como la asombrosa coincidencia de su figura con los datos que los dos médiums habían aportado. Nombre, fecha, descripción física. No albergaban duda alguna de que habían estado comunicándose con el espíritu de aquel hombre. Fue muy emocionante refrendar una investigación con datos históricos. Y un orgullo que el propio Grupo Hepta, en unas posteriores jornadas de Parapsicología, contara a todo su público lo que había ocurrido allí, y lo que habíamos encontrado.

Pero, por fortuna para mí, no sería la única vez en la que unos viejos documentos darían sentido a lo inexplicable. Aún recuerdo aquel día en el que hallé lo que parecía imposible. Una conjunción de impresionantes causalidades me dejaría meridianamente claro que nada era casualidad. Nada de lo ocurrido fue producto del azar, más bien parecía orquestado por una fuerza desconocida que quería transmitirnos un mensaje. Aquella niña perdida, Pili, no se quería ir, y gracias a la memoria local, acabamos descubriendo el porqué.

EL CASO PERFECTO III: QUERÍA QUE LO SUPIÉRAMOS

Aquella segunda investigación en la vivienda de nuestra testigo, Marian, había dado como resultado una nueva psicofonía en la que una voz femenina y lejana pronunciaba la palabra «muralla». Eran muchos datos, y todos muy concretos, así que comprobar si todo aquello que se manifestaba tenía relación con algún suceso del pasado podría ser sencillo. Iluso de mí. Durante días, me sumí en la desesperada búsqueda de algún dato que guardara relación con lo que estábamos investigando. Acudí a la hemeroteca, a la biblioteca, busqué entre periódicos antiguos que se encuentran preservados en Internet. Pero lo único que había sacado en claro era que el barrio del Alcázar Viejo de Córdoba había sido azotado en diversas épocas por toda clase de epidemias, por lo que si Pili, aquella niña, había muerto a causa de una de ellas, iba a ser casi imposible comprobarlo. ¿Tuberculosis, quizá? Según Marian, la niña tosía constantemente y le confesaba que no podía respirar bien. Pero era una mera suposición que, en estos términos, era como no tener nada.

Pero fue tal mi obcecación en esta búsqueda que obvié el método más fundamental: Google. Me sentí bastante tonto cuando caí en la cuenta. Con los datos disponibles, realicé una primera búsqueda introduciendo las palabras clave: «Pili niña muerta Alcázar Viejo». Y justo en ese momento, como si de una epifanía se tratase, apareció una noticia colgada en la hemeroteca digital del periódico *ABC*, en su tirada nacional. El titular, con fecha 23 de septiembre de 1925, era breve, pero realmente explicativo: «Una niña muerta y varios niños heridos». Clavé mi vista en el cuerpo del artículo y cada letra que veía aceleraba más mi corazón. Quisiera que ahora se ponga en mi piel, por lo que antes recordaremos que, siempre según la testigo, Pili era una niña que se manifestaba de forma audible, aunque no visible, tosía y se ahogaba constantemente, y cada vez que Marian sentía su presencia, inundaba la vivienda un olor a polvo o escombros. También una posterior psicofonía hablaba de una muralla. Pues bien, lea con especial atención la crónica.

también dió orden el juez de que el ver de Luciana fuera trasladado al sito.

niña hija del matrimonio fué recoprimeramente por algunos vecinos, después la entregaron a sus familiares.

Por subir en marcha

la calle de Alcalá pretendió subir a un tranvía 478 cuando éste se hallaba en ha Jesús Peña Ruiz, de veintiún años n domicilio en la calle de Fuenca-12.

realizar su propósito cayó al suelo y arrollado por el vehículo, que le causó rosas heridas contusas en el pie izlo, con fracturas de huesos y magunntos.

estado se calificó de grave en la Casa correo del distrito.

Sobre dos denuncias

objeto de apreciar los fundamentos denuncia y de tomarle declaración, el del distrito de Buenavista ha acordatar al administrador denunciado por juesa de Almenara Alta, quien comrá hoy.

uez que entiende en la denuncia prea contra D. José Mínguez Ibáñez,

Un padre salvaje

Córdoba 22, 3 tarde. En Villa del Río, Antonio Moreno Molina apaleó brutalmente a su hijo Antonio, que falleció a consecuencia de la paliza.

Una niña muerta y varios niños heridos

Córdoba 22, 8 mañana. En el barrio del Alcázar Viejo de esta capital ha ocurrido un sensible suceso, del que han sido víctimas una niña y seis niños.

Al pasar por la calle Postrera, en dicho barrio, un vendedor de juguetes numerosos niños le rodearon, y algunos adquirieron de aquéllos.

El vendedor estableció su puesto en el muro foral de la casa número 17 de la citada calle, y bien pronto se vió cercado por una legión de pequeñuelos. Momentos después, y sin que nada lo hiciera sospechar, desplomóse la pared, sepultando bajo los escombros a siete pequeñuelos.

Tras grandes esfuerzos fueron sacados de entre las granzas seis niños, que sufrían lesiones leves, y la niña de dos años Pilar Prieto Prieto, que presentaba graves síntomas de asfixia y dejó de existir momentos después.

Accidente de trabaj...

Noticia publicada en el periódico *ABC*,
el día 23 de junio de 1925.

207

EL SUCESO DEL SÁBADO.—Estado en que quedó la casa número 17 de la calle Postrera, después de su derrumbamiento. (En círculo).. La niña Pilar Prieto, Prieto única víctima en este amentable suceso.

Portada del periódico *La Voz de Córdoba*,
el día 23 de junio de 1925.

Me temblaba el pulso. No había una coincidencia, ni dos. La niña que desgraciadamente murió en aquel derrumbe se llamaba Pilar Prieto Prieto. Falleció debido a la asfixia que le provocó el derrumbe de aquella muralla foral de la casa número 17 de la calle Postrera de la capital cordobesa, a escasos metros del domicilio de Marian. Su olor a polvo podría relacionarse con aquel derrumbe. Llamé a mi compañero José Manuel Morales para contarle lo que acababa de encontrar, y puedo suponer que tuvo la misma sensación de vértigo que yo. Al día siguiente, recibo un mensaje de su parte: «¿Quieres ver a Pili?». Al mensaje lo acompañaba un enlace a la portada del periódico local *La Voz de Córdoba*, donde, de una forma más gráfica, se comunicaba la trágica noticia. Una fotografía a página completa mostraba los momentos posteriores al derrumbe y el estado del muro donde todo ocurrió. Y arriba, a la izquierda, una fotografía circular con la cara de una niña, amortajada, con el semblante en paz. Era ella. La habíamos encontrado.

Todo encajaba de una forma tan asombrosa que queríamos estar seguros de que la testigo no conocía esta noticia. Llegamos a preguntarle si en alguna ocasión había oído a alguien hablar por su barrio acerca de una niña que falleciera por algún accidente, sin dar más pistas, pero su respuesta siempre era negativa. Era más que evidente que ella no sabía nada, por lo que decidimos, finalmente, mostrarle lo que habíamos encontrado. Si nosotros estábamos estupefactos, no es difícil imaginar el remolino de sentimientos que vapuleó a Marian cuando le mostramos los documentos que habíamos hallado. Después de tanto tiempo, podía ponerle rostro a aquella chiquilla con la que tanto hablaba en la soledad de su vivienda.

Finalmente, el equipo de *Cuarto Milenio* se desplazó hasta el inmueble para reportar e investigar todo lo que allí estaba sucediendo. Concretamente, participaron el reportero Nacho Ares y la sensitiva Paloma Navarrete. Fue el colofón de esta historia. Si sigue con asiduidad ese programa televisivo, sabrá que cuando Paloma acude a un lugar a investigar no le revelan ningún dato sobre lo que está sucediendo, simplemente la llevan a ciegas para que ella, con su capacidad sensitiva, transmita lo que siente que está ocurriendo. Fue tremendo. Paloma vio no a una niña, si no a dos, y otro niño. Este, de unos 7 u 8 años, según nos dijo. ¿Se acuerda de lo que Marian me contó el primer día que la entrevisté? Ella oía unos pasos infantiles que le recordaban a los de un niño que estuviera cojo de una pierna. En aquel momento yo me encontraba sentado al lado de Marian, y ella, justo antes de que Paloma describiera al niño que tenía ante sí, me susurró: «Como diga que está cojo me muero». Un segundo después, Paloma nos dice que el niño está cojo, que no anda bien. Imagínese nuestra reacción, pero sobre todo la de la testigo, que estaba viendo confirmado todo lo que ella vivía y nadie creía. Pues ese niño que Marian oía pasear y Paloma tenía ante sí decía llamarse Antonio. Precisamente, el nombre de uno de los niños heridos en aquel fatídico incidente era Antonio. Hay más. Otra niña, la más alta de los tres, de unos 10 años de edad, decía llamarse María. Y a su lado, otra niña mucho más pequeña que ellos, agarrada al brazo de María, cuya timidez le impidió comunicarse con Paloma en todo momento. La descripción que esta médium dio de aquella pequeñaja encajaba perfectamente con la fotografía de Pilar Prieto. Y por si no fuera suficiente, Paloma pregunta a los niños en qué época están. Dentro de su visión, en un viejo periódico, vislumbra con gran dificultad una fecha: «27... de julio... de... 1925». José Manuel Morales, Nacho Ares y yo tuvimos la misma reacción, nos alejamos en la medida de lo posible del salón porque en ese momento era imposible contener la emoción. ¿Cómo había podido aproximarse tantísimo a la fecha de aquel suceso? Apenas unos días de diferencia.

Por todos estos motivos, aquel caso supuso un vapuleo a mis teorías y elucubraciones sobre el Misterio y sus múltiples caras. Todos los fenómenos que allí ocurrían guardaban una inequívoca relación, siempre según mi criterio, con aquel triste suceso acontecido en 1925, a escasos metros de la vivienda de Marian Reyes. Pero, ¿por qué ocurrió todo esto? ¿Quería la niña que todos supiéramos lo que había pasado? ¿Procuraba esa entidad no caer en el olvido? ¿O había algo mucho más profundo, establecido en la frontera de las capacidades de la mente humana, que había actuado de una forma que desconocemos para ofrecernos una información? ¿Era Marian una médium? Muchas preguntas aún sin respuesta, pero con la recompensa de haberla hallado para muchas otras. He vivido toda clase de experiencias en la búsqueda de lo desconocido, pero hasta la fecha, esta es la que más me ha marcado. Para mí, el caso perfecto.

De izquierda a derecha, el autor, Marian Reyes sobrecogida al conocer la noticia, y José Manuel Morales.

LA IMPORTANCIA DE PUBLICAR UN DESCUBRIMIENTO

Si presenciamos un hecho inexplicable, y no lo contamos, seguirá siendo inexplicable. Si empleamos horas y horas de nuestra vida en investigar, y luego guardamos cada prueba, cada descubrimiento, en un cajón, acabaremos con un curioso catálogo de psicofonías, fotografías, videos y otros documentos que, a la larga, nos recordarán que, aunque los hayamos conseguido, no lo hemos hecho por ningún motivo más allá de la propia curiosidad, y no habremos aprendido nada en años. Si no contrastamos nuestra experimentación con la de otros, intercambiamos impresiones y creamos debates, es muy probable que nuestro criterio no se actualice en consonancia con lo que hallamos. Y lo peor, si no mostramos al mundo nuestra intención de adentrarnos en este fascinante terreno del que poco sabemos, no conoceremos a quienes ya han estado donde nosotros nos encontremos, perdiendo así la oportunidad de beber de su sabiduría y experiencia.

Rara es la publicación relacionada con el Misterio que está exenta de polémica. Hemos hablado sobre videomontajes, psicofonías que no lo son, información completamente sacada de contexto para tratar de justificar un hecho paranormal, y muchos, muchísimos, prejuicios de gran parte de la población. Quizá estos prejuicios estén justificados por el uso que se le ha dado a lo oculto. Estos temas han sido denostados por gran parte de la comunidad científica y muchos negacionistas, que no escépticos. Y digo negacionistas porque son personas incapaces de aceptar que pueden suceder cosas que escapan a nuestra comprensión, independientemente de su origen. Un escéptico simplemente se aferra a la estructuración de la realidad que conoce, pero he conocido escépticos que, tras una experiencia que ha tambaleado sus cimientos mentales, han dejado de serlo. Y, por otro lado, está la falta de rigor con la que frecuentemente se tratan estos temas. Aquellos que toman por válida una prueba aunque alguien les demuestre lo contrario. Los que tienen los pocos escrúpulos de manipular un video o un audio para que parezca un hecho paranormal, o no manejan los conocimientos técnicos básicos para llevar a cabo una investigación y tampoco les importa. Quienes miden sus egos por encima de todo y su interés por lo paranormal es ínfimamente menor que el de conseguir notoriedad. Todos estos individuos hacen un daño desproporcionado al Misterio, tanto que creo que ni ellos son capaces de saberlo.

Pero ambos bandos son una minoría. Si aprendemos a sortear falsas acusaciones, ignorar comentarios vacíos y filtrar lo que se nos dice, la experiencia de publicar lo aprendido cambia drásticamente. La mayoría de las personas no quieren polémicas. Desean encontrarse con un contenido fiable, que les asombre, sin tener la sensación de que le están tomando el pelo. Y entre esa gente siempre puede haber algún investigador que esté siguiendo sus mismos pasos y, gracias a haberse encontrado su artículo, acabe contactando con usted. Si ha llevado a cabo una investigación en la que, siguiendo un método técnico correcto, ha conseguido encontrar algo impactante, dé por sentado que alguien, en algún lugar del mundo, desea conocerlo. Tiene en su poder algo que muchos otros buscan, y provocará que otros tantos le muestren aún más, creándose un efecto de retroalimentación que nunca cesará mientras usted lo desee. Existen mil maneras de exponer nuestros trabajos. Podemos hacerlo en las redes sociales, creando una página web destinada a tal fin, montando y publicando videos en You-Tube, realizando programas de radio y *podcasts* si tienen acceso a ello, y muchas más opciones. Escoja la que mejor le permita expresarse y mostrar lo que desea comunicar y, sobre todo, le facilite el contacto y la interacción con otros interesados.

En mi caso, después de mis primeros pinitos con la investigación de psicofonías, y tras haber captado una tan evidente que me había hecho comprender que el fenómeno era más serio de lo que imaginaba, decidí crear un blog: www.psicofonias.com, con la firme intención de publicar y destripar mis investigaciones y experimentaciones. Pocas veces puedo afirmar haber tomado una decisión tan acertada en mi vida. No pasaría mucho tiempo hasta que, gracias a mis publicaciones, conocería a un investigador llamado Aser, quien me propondría ingresar en un grupo de Facebook formado por experimentadores e interesados por el Misterio. Entre el elenco de expertos conocí a Rafael Cabello, alguien que en 1989 fue testigo de algo asombroso: ¿Recuerda aquel OVNI que, cuando era apenas un crío, avisté? Rafael también, pero mientras yo me asombraba y comenzaba

en ese punto un nuevo camino, él ya había recorrido una buena parte del suyo, porque había investigado muy a fondo aquel avistamiento masivo, llegando a la conclusión de que la explicación oficial que ofrecieron las autoridades, afirmando que aquel objeto no era más que un globo sonda experimental, no era suficiente, despertando en mí los mismos sentimientos que tuve veinticuatro años antes. La fortuna quiso que uno de tantos videos que fueron filmados aquel día acabase publicado en la plataforma YouTube, a disposición de todos (Cod. 13-1).

Poco después, recibiría un incitador mensaje de un tal José Garrido: «*¿Quieres investigar de verdad la TCI?*». ¡Rotundamente sí! Me introdujo en un nuevo mundo diferente al que conocía hasta ahora, alejado del sensacionalismo y donde se manejaban elementos impensables para mí hasta entonces. Recibiría poco después un correo electrónico de un convecino llamado José Manuel Morales, en el que mostraba interés por entrevistarme con la finalidad de contar las experiencias publicadas en mi blog para su proyecto Córdoba Misteriosa. Apenas unos meses después de aquel primer encuentro, ya me sentía parte de aquella gran iniciativa que me ha permitido avanzar profesional y personalmente en el campo que más me apasiona, así como conocer a los grandes nombres del Misterio, como Javier Sierra, el equipo de *Cuarto Milenio*, el Grupo Hepta, y beber de sus conocimientos. Esta creciente parcela de mi vida también se vería recompensada con la oportunidad de publicar la presente obra, gracias a la confianza que muchos han depositado en mí. No pasaría mucho tiempo cuando también recibí a través de mi blog otro correo de un investigador llamado Raúl López, quien comenzaba a hacer sus experimentos con la Spirit Box y necesitaba compartir su hallazgo con alguien con su mismo interés: descubrir la verdad, si la hay. Un vórtice de acontecimientos que, en el momento en que estoy escribiendo estas líneas, me van a llevar hacia usted. Pero lo mejor de todo es la sensación de que la inercia es cada vez mayor, y me emociono cada día pensando en qué me depara el mañana. Y todo lo sucedido hasta la fecha en mi vida ha surgido porque un día decidí que podía contar de una forma honesta, y sin miedo a equivocarme, que el Misterio puede ser mucho más de lo que se observa a simple vista. Solo puedo aconsejarle que jamás se arrepienta de contar lo que consiga en su investigación, porque si se ha equivocado alguien le mostrará un camino mejor, y si ha descubierto un pequeño milagro, será usted quien alimente el conocimiento de otros.

EPÍLOGO

Desde el momento en que empecé a redactar este manual para la investigación de fenómenos paranormales, me comprometí con usted, mi apreciado lector, mi apreciada lectora, a no condicionarle con mis teorías, creencias o especulaciones sobre esta temática. A cambio, he procurado acercarle a los orígenes de la investigación. Hemos conocido juntos algunos de los infinitos fenómenos extraños que rodean nuestra vida cotidiana. Hemos observado a través de un catalejo los logros de aquellos que pusieron los primeros peldaños en la escalera del conocimiento. Le he acercado algunas de las psicofonías y psicoimágenes más espectaculares, conociendo de primera mano cómo se han obtenido. Le he brindado una metodología que, siempre bajo mi humilde criterio, supone un buen comienzo para la investigación. Unas herramientas que ahora están a su entera disposición, y deseo que use con toda su ilusión. Le he contado a corazón abierto cada situación que me ha traído aquí. Pero, ¿sabe algo? Todo esto no es nada. No es nada sin usted. Nuestros caminos se han cruzado en el momento en que ha decidido leer este libro, y ahora deben seguir su propio trazado. Me queda mucho por hacer, pero nada me gustaría más que, en cuanto abandonemos esta intersección, su camino y el mío transcurran paralelos y cercanos. Tanto que, cuando su investigación dé sus frutos, pueda estar a su lado para compartir su logro y recibir ese regalo. Quiero saber cuál es su historia.

Pero permítame que me apropie de estas últimas líneas para transmitirle mi sensación de que esto es solo el principio. Con todo lo aprendido en este manual apenas llegaremos a rascar en la superficie de lo que está por descubrir. Hablo de un nuevo concepto de la realidad, en el que cada individuo será parte importante. Una idea que me emociona y me impulsa a seguir investigando, lejos del miedo o el exceso de prudencia. Respecto al Misterio, ya le he contado lo que ha pasado, y estoy deseando poder hacer lo mismo con lo que está pasando ahora. Espero volver a tener la oportunidad de encontrarme con usted para decirle que ahora viene lo mejor. Una serie de acontecimientos que, si realmente lo deseamos, nos conducirían hacia un nuevo despertar.

BIBLIOGRAFÍA

BACCI, Marcello. *Il Mistero Delle Voci dall' Aldilà*. Edizioni Mediterranee, 1985.

BENDER, Hans. *La parapsicología y sus problemas*. Herder, 1976.

BENÍTEZ, J. J. *Existió otra humanidad*. Plaza & Janés, 1985.

BLANCO SOLER, Sol. *¿Hay alguien aquí?* Palmyra, 2007.

—*¿Hay alguien aquí? II*. Libros Cúpula, 2014.

Brune, François. *Los muertos nos hablan*. Edaf, 1990.

DARNELL, Sinesio. *El mundo de lo intangible*. Ed. Alas, 1986.

—*El misterio de la psicofonía*. Fausí, 1987.

—*Voces sin rostro*. Petronio, 1979.

FERNÁNDEZ, Carlos G. *Psicofonías y psicoimágenes*. Colección Año Cero, América Ibérica, 2002.

—*Voces del más allá*. Edaf, 2006.

FORTHUNY, Pascal. *Mesas giratorias*. Fénix, 1954.

GARCÍA BAUTISTA, José Manuel, y FERNÁNDEZ, Jordi. *Psicofonías: voces del misterio*. Arcopress, 2009.

JIMENEZ, Iker y FERNÁNDEZ, Luis Mariano. *Tumbas sin nombre*. Edaf, 2003.

JIMÉNEZ DEL OSO, Fernando. *Manual de espiritismo*. Uve, 1980.

LANTIER, Jacques. *El espiritismo*. Martínez Roca, 1976.

MARTELES, Elvira. *Fantasmas: entre la leyenda y la realidad*. Espacio y Tiempo, 1992.

MORALES GAJETE, José Manuel. *Enigmas y misterios de Córdoba*. Almuzara, 2015.

PRESI, Paolo. *Splorando l'invisibile*. Segno, 2012.

SCHOLTEN, Max. *Cómo desarrollar las facultades parapsicológicas.* Editors, 1987.

SIERRA, Javier. *Técnicas de contacto extraterrestre.* Heptada, 1992.

TAHOCES, Clara. *El gran libro de las casas encantadas.* Luciérnaga, 2015.

TAMALONTI, Leo. *Universo prohibido.* Plaza & Janés, 1970.

Enciclopedia electrónica radio y TV. Ahfa, 1973.

Rumbo a lo desconocido. Reader's Digest Selecciones, 1995.

ESTUDIOS Y HEMEROGRAFÍA

«Sobre los inicios del espiritismo en España: la epidemia psíquica de las mesas giratorias de 1853 en la prensa médica». Ángel González de Pablo. Universidad Complutense de Madrid, 2006.

«Análisis «Electronic» Spirit Box». Lorenzo D. Matellán, 2014.

«Observación del fenómeno en su comportamiento». José Garrido y Alfonso Galeano.

«Experimento de Transcomunicación experimental. Informe especial de Grosseto». Anabela Cardoso, Mario Salvatore Festa, David Fontana y Paolo Presi, 2004.

Periódico *ABC* Nacional
Periódico *ABC* de Sevilla
Periódico *La Voz de Córdoba*
Revista *Mundo Desconocido*
Revista *Año Cero*
Revista *Más Allá de la Ciencia*
Revista *Lo Desconocido*

WEBS CONSULTADAS

Tiempo de Misterio
http://tiempodemisterio.blogspot.com.es/
Realidad Trascendental
https://realidadtrascendental.wordpress.com/
Ciencias Psíquicas
http://survivalafterdeath.blogspot.com.es/
Afterlife Evidence
http://www.victorzammit.com/
World of ITC
http://www.worlditc.org/
José Manuel Morales
https://www.josemanuelmorales.net/
Clara Tahoces
http://www.claratahoces.com/
Grupo Hepta
http://www.grupohepta.com/
Psicofonías
http://www.psicofonias.com/
Steve Huff. http://huffparanormal.com/
Al Filo de la Realidad
https://alfilodelarealidad.wordpress.com/
Wikipedia
https://es.wikipedia.org/wiki/Wikipedia:Portada
Instituto Aguilar y Eslava
http://www.aguilaryeslava.org/
Transcomunicación Instrumental Argentina
http://www.tciargentina.com/

AGRADECIMIENTOS

A cada persona que ha regado esta semilla. A José Manuel Morales y Julia, por su eterna confianza en mí, y por haber convertido mi pasión en un modo de vida, haciéndome sentir una parte importante de Córdoba Misteriosa. A Jorge Sierra, José Alberto Chastang, Ana Salazar, y todos los colaboradores que han aportado una gran ayuda a dicho equipo. A la editorial Arcopress, por haber creído en la propuesta y brindarme toda la ayuda que he necesitado. A Gema, mi gran compañera en tantos ratos de silencio frente a una grabadora. A Clara Tahoces, por su enorme compromiso con el Misterio. A José Garrido, Raúl López, Israel Ampuero, Francisco López, Pamela Congia, Francisco Colinas y María Jesús Maqueda, por regalarme su inmensa experiencia y acogerme como uno más en la gran familia de pensadores que forman. Al equipo de *Cuarto Milenio*, por confiarnos la tarea de contar cuanto descubrimos en cada investigación. A quienes, en mi camino, me ayudaron a comprender mejor cada concepto importante. A Marian, María, Pepe, María José, Nati, y a todos los que confiaron en nosotros sus inquietudes y vivencias. A los que desean asomarse a lo desconocido, porque me recuerdan cada día que no estoy solo. A toda mi familia, que son la ayuda más incondicional que se puede recibir. A todos, gracias.